中国财政科学研究院年度智库报告

宏观经济形势分析课题组 著

经济风险新挑战

中国经济运行分析与形势展望报告 2022

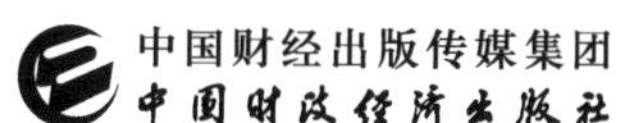
中国财经出版传媒集团
中国财政经济出版社

图书在版编目（CIP）数据

经济风险新挑战．2022：中国经济运行分析与形势展望报告 / 宏观经济形势分析课题组著．-- 北京：中国财政经济出版社，2022.3

（中国财政科学研究院年度智库报告）

ISBN 978-7-5223-1207-1

Ⅰ.①经… Ⅱ.①宏… Ⅲ.①中国经济－经济运行－研究 Ⅳ.①F123

中国版本图书馆CIP数据核字（2022）第033780号

责任编辑：闫　娟　　　　责任校对：胡永立

责任印制：刘春年　　　　封面设计：陈宇琰

经济风险新挑战

——中国经济运行分析与形势展望报告（2022）

JINGJI FENGXIAN XIN TIAOZHAN

——ZHONGGUO JINGJI YUNXING FENXI YU XINGSHI ZHANWANG BAOGAO（2022）

中国财政经济出版社 出版

URL：http：//www.cfeph.cn

E-mail：cfeph @cfemg.cn

社址：北京市海淀区阜成路甲28号　邮政编码：100142

营销中心电话：010-88191537

天猫网店：中国财政经济出版社旗舰店

网址：https：//zgczjjcbs.tmall.com

北京财经印刷厂印刷　各地新华书店经销

成品尺寸：185mm × 260mm　16开　15.25印张　196 000字

2022年3月第1版　2022年3月北京第1次印刷

定价：88.00元

ISBN 978-7-5223-1207-1

（图书出现印装问题，本社负责调换，电话：010-88190548）

本社质量投诉电话：010-88190744

打击盗版举报热线：010-88191661　QQ：2242791300

宏观经济形势分析课题组

指　导：

刘尚希　中国财政科学研究院院长，研究员

组　长：

石英华　中国财政科学研究院宏观经济研究中心主任，研究员

成　员：

王志刚　中国财政科学研究院宏观经济研究中心副主任，研究员

王宏利　中国财政科学研究院宏观经济研究中心　研究员

武靖州　中国财政科学研究院宏观经济研究中心　研究员

苏京春　中国财政科学研究院宏观经济研究中心　副研究员

刘　帅　中国财政科学研究院宏观经济研究中心　助理研究员

刘天琦　中国财政科学研究院宏观经济研究中心　助理研究员

李承怡　中国财政科学研究院宏观经济研究中心　助理研究员

张　帅　中国财政科学研究院宏观经济研究中心　助理研究员

吉　嘉　中国财政科学研究院宏观经济研究中心　博士后

如何构建中国发展的确定性？
（代序）

刘尚希

当前的经济形势可以概括为一个词——不确定性。中央经济工作会议提出来2022年经济工作要“稳中求进、稳字当头”。在世界的不确定性中怎么稳住中国经济，怎么稳住中国的发展？这意味着要重构中国发展的确定性。

一、历史积累的结构性、体制性问题叠加是中国发展风险累积的症结所在

（一）不确定性是世界的本质

首先，我们需要注意理念的转变。其中，一个基本的理念变化是不确定性是世界的本质。只有从这个角度出发，才可能准确认识不确定性。确定性是构建出来的，不是发现的。这与经典科学意义上的科学发现是不同的，更接近于技术发明的内涵，是人类创造的。面对各种不确定性的风险事件，我们首先要“稳”。要稳，就是要通过防范化解风险去获得确定性，这只能依靠我们去构建，不能指望从客观世界中去“发现”，找到某种确定性。

大变局加速演进为不确定性持续扩散创造了条件。大变局的加速演进不是大自然造成的，而是人类文明发展过程中内生出来的结果。

表面来看，新冠病毒持续蔓延是大自然造成的结果，其实更是人类文明的副产品。经济全球化，形成了全球的分工与合作，人员、资金等要素在全球流动，才会出现病毒的全球流行。相反，如果人类文明仍处于哥伦布发现新大陆之前的发展阶段，这种大流行就不会存在。从这个意义上讲，看似是客观世界产生的病毒变异带来的不确定性，从人类文明角度来说，它是内生的一种结果。

（二）“三重压力”实质上是不确定性的交织叠加

观察经济形势最基本的方法就是“风险—成本”分析法。不确定性带来的风险，会转化为政府、企业及个人的成本。当风险持续上升时，各种成本也会随之增加。当前中国面临的三重压力，实际上三重的不确定性相互交织叠加。其中，“需求收缩”是十分典型的内生因素，是结构扭曲和体制不顺导致的。“供给冲击”，从国家来说有外部因素，也有内部因素，放在全球乃至整个人类文明发展的角度来看，都是内生的。“预期转弱”也是内生的，既有大、小营商环境的影响，还有经济增长的变化。经济既有增长也有收缩，但我们只关注了增长，未看到收缩。经济增长是净增长，等于增长扣除收缩之后得到的结果。经济是在不断地增长和不断地收缩之间交替波动发展的；发达国家增长的时候多、收缩的时候少；而落入中等收入陷阱的国家，落后国家，收缩的时候多、增长的时候少。

上述三重不确定性的叠加，实际上可归结为风险在公共化，风险在全球化。而各种风险又在叠加纠缠，这是量子力学的概念，风险是一种叠加态、纠缠态，表现为虚拟现实（不是技术概念）。这意味着并不是企业、个人们还有地方把风险预测得越准，防范风险做得越好，风险就不存在了。有时恰恰相反，风险反而加快公共化、全球化。“以邻为壑”“合成谬误”都是风险扩散叠加的生成机制。风险是无法消除的，这与传统经典科学思想的逻辑是不一致的。因此，要重新审视不确定性与风险，只有这样，才能真正看到现代经济内在的不确定性及当前经济形势的特点。

（三）结构性扭曲是“三重压力”的根源

从中长期来看，当前面临的问题与结构性扭曲直接相关。这种结构性扭曲表现在：一是社会转型滞后于经济转型。比如经济转型、市场化改革走在前面，而社会转型则相对迟缓。过去，不仅有计划经济，实际上还有带有管控特征的“计划社会”。计划经济改革成效非常明显，但计划社会改革相对滞后。比如，户籍所导致的社会基本权利不平等，实际上都反映出社会转型制约经济转型。市民化制约了市场化，导致资源错配的风险上升。这种资源错配不只物质资源，还有人力资源，这个风险在急剧上升，导致了成本上升、效率下降。二是经济转型滞后于绿色转型。当前面临的很多问题都与此相关。绿色转型是全球的行动，世界各国尤其是发达国家在绿色转型方面走在前列，中国在努力追赶，但以“三高”（高消耗、高排放、高污染）为特征的生产结构、产品结构、消费结构的调整难度很大，而人民对美好生活的需要不断提高，发达国家的绿色门槛也在不断抬升，带来的风险挑战日渐扩大。三是政府转型滞后于发展转型。进入高质量发展的新阶段，整体性特征日益显现，多目标的追求成为新阶段的新要求。政府怎样适应高质量发展的多目标协同的要求，目前仍在探索之中。过去一直都在强调政府职能转变，但政府转型的步伐跟不上发展转型，尤其是数字革命快速推动工业社会进入数字社会，同时也进入风险社会，对政府转型、国家治理带来了巨大挑战。进入新发展阶段，要构建新发展格局，只有用新发展理念去加快政府转型，提升治理效能，才能对冲更多的不确定性和风险，构建新的确定性，才能稳住当前的经济形势。体制机制梗阻，循环不畅导致成本全面高企。这种不确定性引起风险上升，进而导致不同层面、不同主体的成本全面上升，造成经济社会脆弱性不断加大。所以，要提升经济韧性，就要以改革的方式降低公共风险，就要以创新精神重构确定性。

二、以风险思维提升治理效能，加快重构新的确定性

（一）让体制机制的改革创新跑在风险的前头

当前，经济运行逻辑与发展逻辑已经发生了根本性变化。金融成为现代经济核心，需要重新认识金融与实体经济的关系，重新认识货币、银行与金融市场。为什么过去一直强调直接融资，但是直接融资的发展难以尽如人意？这与体制机制密切相关。当前宏观不确定性改变了经济变量之间的关系。如仍按照原有的经济变量之间的关系去调整体制、制定政策、思考对策，毫无疑问就会导致刻舟求剑。

政策的基本逻辑，是要对不同层次、不同类型的风险进行权衡，然后加以对冲。现在是一个高风险的时代，中央经济工作会议提出了七大政策，其背后面临着七大风险。党中央高瞻远瞩，正是因为看到了七大风险，所以提出了七大政策，用政策去对冲这些风险。除了运用这些政策对冲风险，更重要的就是体制机制的创新。体制机制的创新就是为发展构建新的确定性，这就要权衡风险、转化风险、对冲风险、降低风险，持续强化发展过程中的风险治理，防范中国发展的“底板”穿底。

（二）转变治理理念，全力化解战略性与长期性风险

对于中长期目标，我们应当更加关注战略风险和长期风险。由于短期政策无法解决长期问题，更难以化解长期风险，各项政策都应当有中长期的考虑。基于治理的要求，需要有整体观和动态观，既要关注当下经济社会的运行风险，更要注重经济社会发展的可持续风险。提升治理效能，要注重多元主体的共同参与，“参与感”比“获得感”更重要；同时又要着眼于中长期，持续深化、协同推进各项改革。只

有着力防范化解战略性风险和长期性风险，才可能构建新的确定性，才能避免各领域政策各行其是，衍生出更大的不确定性和风险。

目前，我们面临着结构性扭曲。2021年我国城镇化率按常住人口统计超过64%，但按户籍人口统计约45%，在发达地区差距更大，这反映了就业结构的改变。就业形态变了，但社会身份结构却变化不大。现在面临着三个二元结构的问题，即经济的二元结构、社会的二元结构以及公有制的二元结构。其中，所有制的二元结构不仅仅是国有与民营的问题，还有公有制的国有和集体的问题。就土地要素而言，既有国有土地，也有集体土地，在这种情况下，土地如何形成一个统一的市场？农民生活在集体土地上，市民则生活在国有土地之上。农民的财产权利和集体经济、集体土地是绑在一起的。农民怎么样市民化？市民化过程不仅是进城难的问题，也有出村难的问题。例如：农民的财产权利随身携带跟转移，现在同样面临着体制机制障碍。按户籍人口算，中国有55%的农民，只有45%的市民。这个意义上我们仍是一个以农民为主体的社会，但我们往往忽略了这一点。实现以人为中心的现代化，实际上是要解决农民进城及其权利问题。只有农民减少了，市民增加了，国民基本权利平等了，才可能真正地实现了人的全面发展。市民化过程是乡村文明向城市文明变迁的过程，也是人的现代化过程。因此，如何破解城乡二元结构，加快推进以人为核心的城镇化，是当前及今后需要重点关注的重大战略问题。

（三）用不确定性思维完善预期管理

在高度不确定的风险社会，其核心问题就是构建新的确定性，让大家重新找到努力的方向。因为宏观不确定性给大家带来迷茫，不知道干什么好，可能就停下来观望、等待了，这个时候要通过政策和相关体制创新构建新的确定性，找到新的坐标。

针对不同的主体，要有针对性举措。其一，与消费预期、投资预期相比，就整个社会而言，市民化预期更加重要，更事关长远和经济社会大局。从短期来看，市民化预期的重要性难以显现，但对中国长期可持续发展至关重要。其二，公共政策、监管政策的可预期性。政府行为的时度效，从不确定性出发才能构建新的确定性。如果从确定性出发，可能往往得到的是不确定性。现在一些政策不尽完善，政策操作出现一些问题，可能就是从确定性出发，以为政策没有问题，没有对政策做预评估，也没有对政策输出的过程进行深入的风险评估分析。所以，政策设计不当，导致了一些不好的结果。在这个意义上讲，政策时度效的把握，要建立在新的思维基础之上，从不确定性出发才能构建新的确定性。

（四）理顺财政与金融协同的底层逻辑

财政金融属于相互贯通的两个层次。金融是现代经济的血液，财政是社会共同体的血液，但二者是不同层次的问题。从货币发行权来说，源于国家信用，而国家信用源于国家的征税权。在这个意义上，货币发行权源自国家财政权，由此推论，国家财政是金融的基础，从国债来看，它也是金融市场的定价基准。货币是国家对人民的虚拟负债，跟我们平时讲的负债不是一个概念。当利率为零时，国家债务等同于货币。怎么运用好国债、货币这两个工具，这是当前宏观政策的一个关键问题，也是财政金融协同的核心问题。国债与货币的关系也是现代货币理论探讨的主题内涵，事关现代财政经济金融运行的底层逻辑，值得高度关注。

目录

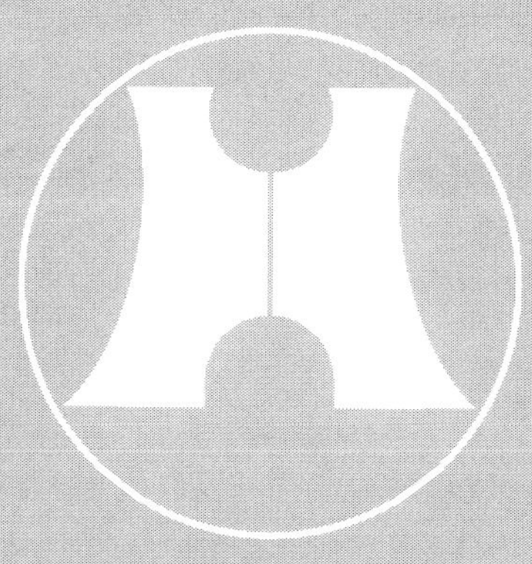

从大变局看当前宏观经济形势

执笔：刘尚希　石英华

当前经济形势处于大变局当中，从大变局来观察宏观经济形势，呈现出新的特点，相应的对策思路也应当跳出短期考虑和微观视角。基于大变局来构建我国发展的宏观确定性应是我们努力的方向。

一、当前宏观经济形势的新特点

（一）影响当前经济形势的非经济因素大于经济因素

影响当前经济的主要有四个基本因素：经济内生的市场变化、数字技术变革、疫情走势以及国际秩序重构，四者叠加互相影响，非线性变化，也是推动大变局的基本因素。“低增长—高杠杆”内生形成的债务风险；数字革命和产业变革，引起原有的经济形态变化，经济数字化和金融化趋势凸显引发新的不确定性；疫情走势的不确定带来疫情及其衍生风险；大国博弈、地缘政治剧变、全球治理规则加速失效，导致宏观不确定性加大。另外，我国社会体制改革的滞后、城市化进程的不畅、老龄化少子化加速等非经济因素对经济形势的影响也愈加显著。

（二）宏观不确定性下的经济波动加剧

大变局下，宏观不确定性加剧，价格波动就是其反映。近期能源、金属等大宗商品价格持续上涨，特别是铜、铝、钢材等制造业原材料，2021年与2020年同期相比，均出现两位数以上的增幅，部分期货价格涨幅甚至在50%以上。价格的波动，不仅仅是供求变化，更是宏观不确定性加大，导致定价机制转向风险定价所致。现货定价期货化、金融化，受风险预期的影响越来越显著。需求不振，风险向供方转移，导致预期改变而涨价。

（三）经济分化主要是预期的分化

经济复苏中，分化特征明显，主要是预期的分化。发展空间在分化，大变局之下，风险分布在迅速变化，而市场主体的风险承受能力各异。不同国家、地区的发展差距在拉大，全球预期也在分化；企业在分化，中小微企业预期与大企业预期明显分化，数字企业与传统企业的预期不同。K型复苏在一定程度上映证了预期的分化。

（四）供给复苏快于需求，内循环乏力

经济复苏分化，供给恢复快于需求。消费的复苏与收入预期紧密关联。收入预期难以改善，即使当前收入增长，消费增长也会乏力。基尼系数仍维持在0.46—0.475的区间。在宏观不确定条件下，收入差距缩小仍面临较多制约因素。2020年，居民人均可支配收入同比增长4.7%，而居民人均消费支出同比下降4%，消费与居民收入变化反差明显。当前居民储蓄倾向攀升，并非只是疫情冲击所致，收入预期差、预防性储蓄动机转强为重要因素。

二、对策建议

站在大变局和中长期来看，稳定宏观经济形势，关键是注入宏观确定性，改善预期。形成与大变局、新发展格局相匹配的改革新格局，是基本的方法和路径。宏观政策要有定力，不能随着短期形势变化而相机调整。

（一）释放出更强烈的全面深化改革信号

百年未有之变局之下，原有的秩序、规则被迅速打破，规则解构的速度快于规则建立的速度，既有的规则秩序边际失效，身处其中的市场主体预期难稳。政府行为本身也可能引发不确定性，如中央部署的一些改革落实不到位、市场监管理念和模式与现实变化不适配、社会公益实现方式的僵化等等，都可能产生我们难以察觉的新的不确定性和公共风险。鉴于此，唯有加快经济社会更全面、更深入的协同改革，才能办好自己的事，降低我国发展的宏观不确定性。

（二）加快金融市场化改革和金融创新，破解高储蓄、高利率悖论

我国高储蓄、高利率悖论，显然是金融市场化程度偏低、创新缓慢、效率不高导致的。我国的利率水平与国外相差约3个百分点，按照银保监会的统计数据，我国2020年12月末全国小微企业贷款余额为42.7万亿元，利息成本粗略估计就多出1.28万亿元，直接推高企业运营成本。伴随着数字化大趋势，金融科技将发挥更加重要的作用，数字金融将有利于普惠金融的发展以及金融效率的大幅提升，从而降低融资成本。这迫切需要构建与之相适配的新的金融监管理念和监管模式，谨防“监管错配”带来的长期战略风险。用改革的办法加快人民币国际化

步伐，扩大在计价、结算和储备等方面的应用，以提高我国金融的国际竞争力。

（三）政府有为，创造市场比干预市场更重要

我国从计划经济发展到社会主义市场经济，政府在不断地通过放权、分权创造市场，给经济发展带来活力动力。当前亟须通过改革创造市场，创新市场规则，而不是一味地按照惯性和“管治”的老思维去规范市场、监管市场。在商品、服务等“实体市场”基础上，新发展阶段迫切需要政府创造基于“权利”的各种“虚拟市场”，如全面建立跨省的土地指标交易市场，确保产粮大省、生态保护区域通过市场获得相应的利益补偿，通过市场激发各区域的比较优势，促进区域协调发展。基于环境治理、“碳达峰碳中和”目标，建立污染物排放权、碳排放权的交易市场，引导地方和企业实现低碳绿色发展，形成市场化的激励约束机制。进一步完善政府采购市场，运用市场化手段支持企业研发创新，避免政府补贴可能带来的市场扭曲和贸易争端。还有电动汽车的推广使用，除了补贴手段之外，还可以用排放权指标来约束燃油车的生产和销售。总结地方的“地票”交易市场经验，完善土地产权市场。加快完善统一的债券市场，适应国际资本对人民币资产的配置需求。

（四）要在缩小低收入群体上下功夫

推进社会体制改革，分类破除“本地人、外地人”“编制内、编制外”“干部、工人”等各种计划体制时期遗留下来的不平等身份政策，充分调动各方面的积极性和创造性。帮助农民工“市民化”，逐渐成为新的中等收入群体。瞄准数字革命大趋势，制定实施新的人力资本战略，为中等收入群体的稳固和低收入群体的转变创造条件，为扩大内需和壮大内循环奠定基础。

政策和改革围绕发展成本高企、经济循环不畅发力

执笔：刘尚希　石英华

当前，导致经济下行的不确定性、不稳定性因素仍不少。对比中美经济复苏态势，从中长期来看，还需要在构建新发展格局的战略思路下，运用循环思维、风险思维分析经济循环中存在的堵点和风险，洞察经济发展趋势，做好提前应对。

一、当前经济复苏的主要特征

（一）内需疲软，叠加价格因素，供求良性循环仍未形成

从环比数据看，2021年上半年工业、出口增速较高，但服务业、消费、投资恢复速度较慢，在外需牵引下，供给恢复快于需求。随着国外疫情防控策略的调整，全球经济供需结构失衡的状况将会缓解，我国外需将会趋弱，可能成为下半年经济的下拉因素。PPI较大幅度上行，反映出市场预期、金融资本、大宗商品期货对实体价格的影响加大。供给和需求负向反馈，可能进一步加剧经济下行。

（二）上下游企业间分化明显，宏观、中观、微观层面的循环仍不畅

疫情冲击后经济实现再平衡的过程中，企业间的复苏分化明显。受大宗商品价格上涨等因素影响，上游采矿和原材料制造行业利润大幅增长，下游行业成本压力不断加大，可能导致中下游企业的经营恶化，对上游的需求减弱，反噬上游企业，产生风险震荡。消费疲软，价格上涨因素无法向消费端传递，导致实体经济企业两头受压。大中型企业利润增速高于小微企业，国有企业利润增长快，私营企业利润增速低于规模以上工业企业平均水平。对部分小型企业的跟踪调查显示，受今年大宗商品价格波动影响，小企业的境况在变差，将对就业形成负面影响。宏观层面的指标较乐观，但中观层面上下游之间利润不均衡，微观层面不同企业的感受迥异，折射出国内循环在宏观、中观、微观层面不够畅通。

（三）市场经济主体的长期预期不稳，经济内生动能仍弱

企业景气指数、企业家信心指数显示企业的短期预期改善较明显。2021年上半年制造业投资规模回升到2019年同期水平，4、5月单月的两年平均增速比一季度提高了4.9个、5.5个百分点，提升幅度高于全部投资。制造业投资的增长部分源于技术改造；部分源于大宗商品价格上涨导致的存货投资增长，后者有一定风险。部分上游企业上半年高价购入大量大宗商品，一旦市场变化，可能面临资金链断裂的风险。从总体看，企业创新动力仍不足，难以适应技术变革、高质量发展的要求。民营企业、小微企业的预期仍待改善，经济发展的动能仍弱。数字经济监管的欧洲化倾向，可能影响数字经济增长的势头。

（四）就业、收入因素制约居民消费预期改善

就业优先政策持续发力，就业总量目标得以改善。2021年6月份，全国城镇调查失业率、31个大城市城镇调查失业率均与上月持平。25—59岁就业主体人口失业率比上月下降0.2个百分点。持续实施的保市场主体、保就业政策的短期效果明显，但从长期看，就业的结构性矛盾仍突出，重点群体就业仍不乐观，如16—24岁人口调查失业率仍然较高。就业预期、收入预期制约消费增长，消费恢复落后于居民收入增长。2021年上半年，全国居民人均可支配收入两年平均增长7.4%，比一季度加快0.4个百分点；扣除价格因素两年平均增长5.2%，略低于经济增速。全国居民人均消费支出两年平均增长5.4%，扣除价格因素，两年平均实际增长3.2%，人均消费支出比人均可支配收入增长低两个百分点。这表明居民储蓄倾向在强化，是面对公共风险水平上升的一种本能反应。

（五）体制机制的梗阻，循环不畅，导致成本全面高企

当前宏观经济的突出特征是发展成本全面上升。上游能源原材料、中游关键零部件、下游产成品、物流配送均供应紧张，技术创新、合规要求不断提高，市场经济主体感受到生产经营成本的全面上升。生活、就业、创业、养老的成本上升，加上仍处高位的房价，居民感受到的成本压力加大。教育、医疗等公共服务领域社会资本的退出、生态环境保护投入加大、改革成本上升、监管能力建设的要求提高，政府的成本也全面上升。企业成本压缩利润空间，生活成本压缩需求空间，政府成本压缩财政空间，这将加大经济社会的脆弱性。

成本全面上升与经济循环不畅、风险扩散直接相关。包括社会供需循环

不畅，社会总供给制约明显，社会总需求疲软，社会供需正向反馈机制尚未稳定，力度不足。上下游之间的循环不畅，当前上游产品价格上涨给中下游企业造成极大压力。内外贸两套体系和标准，循环不畅，外销产品转内销的成本很高。区域城乡之间的循环不畅，区域比较优势难以发挥。此外，经济与社会之间，经济与科技之间，金融与实体经济之间也存在循环不畅。

循环不畅与体制机制的梗阻直接相关。社会供需失衡、内需不足，与收入分配差距较大相关，这与二元分治的经济、社会结构导致的群体性能力差距直接相关。上游行业集中度高、垄断性强，中下游行业市场集中度较低，导致上下游之间的价格传导和利益分配难以均衡。内外贸之间在技术、质量和准入标准上仍有明显差异，导致内外贸两张皮。社会改革滞后于经济改革，科技体制机制和金融市场机制尚待成熟，影响经济与社会之间、经济与科技之间、金融与实体经济之间的循环畅通。体制机制改革滞后，导致资源错配、期间错配、风险和收益错配难以避免，制度性成本上升。

二、几点建议

（一）对标中长期目标，更为关注战略风险和长期风险

宏观政策理念应从基于短期经济运行的宏观调控，转向基于发展后劲增强的宏观治理，从中长期看待短期问题，从发展视角看待经济运行的波动。短期化解决不了长期问题，更不能化解长期风险。经济复苏过程中需注意风险防范的力度和监管的“双刃剑”效应，既要有效防范短期风险，但也不能忽略了战略风险、长期风险。对标第二个百年目标、远景目标，放在大国博弈的大背景下，增强发展后劲，保持中美之间发展的“相对速度”长期稳定，

防止中美差距拉大，应是防范的首位战略风险。在继农业革命、工业革命之后的数字革命中，避免贻误发展先机。着眼于中长期持续深入全面推进结构性改革，着力解决经济社会重大结构性失衡与资源错配，为提升全要素生产率创造条件，为创新创业提供更宽松的体制政策环境。

（二）完善预期管理，注重把握好政策实施的力度和节奏

随着疫苗的推广接种，全球的新冠疫情防控策略将会大调整，从关注感染率转向关注死亡率。但疫情对民众、企业和政府的心理及行为模式的影响仍需重视。生产者、投资者、消费者的预防性动机和谨慎性动机强化，其行为趋于保守，收缩特征明显。宏观经济治理需兼顾长期预期和短期预期的引导，对不同群体、不同主体实行有针对性的预期管理措施。促进经济复苏增长的政策仍需着眼于稳定和改善预期，需注重把握好政策实施的力度和节奏。如在大宗商品涨价、垄断等因素存在的背景下，把握好“碳达峰”“碳中和”政策的实施力度和节奏，避免影响市场主体的预期稳定。再如促进服务业更大范围、更宽领域、更深层次开放，首先是在规范的基础上做好服务业的对内开放，对民营企业开放，公共数据的开放，在此基础上扩大对外开放。当前对民营教育的审查监管力度很大，相关政策在收紧，这些也会影响民营企业的预期稳定。需逐步完善专业化审查，把握好政策实施的力度。

（三）全面深化改革，推动体制机制创新，降低和对冲发展成本

降低和对冲发展成本的根本出路仍是全面深化改革，推动体制机制创新。加快体制机制改革，有利于促进长期性、体制性问题的化解，避免存量风险和增量风险的累积叠加，促进市场主体、居民的长期预期改善。所谓改革进入深水区，就是出现了“100-1=0”的现象，一项措施不到位可能导致所有

措施不能落地，改革的难度、复杂性和成本明显上升。这需要完善体制机制改革的顶层设计，形成清晰的多级改革目录和实施方案，避免全国都按照一级目录写改革大文章，避免一套方案全国照搬套用。

（四）深化金融体制改革，用市场化等方式降低融资成本

深化金融体制改革，引导利率下行，进一步缩小存贷之间、中美之间的利差，为企业、地方政府的融资成本降低提供空间。监管的目的不是把企业“管住”，而是防范发展风险，避免发展意外中断。应尊重金融机构的创新主体地位，充分发挥金融科技的作用，充分运用市场化方式完善金融服务民营企业的激励机制，为市场主体提供便捷高效的金融服务，从整体上降低经济运行成本和发展成本。

加强政策协同，谨防经济全面收缩风险蔓延

执笔：刘尚希　石英华

一、全球经济复苏的不均衡性、不确定性仍在加大

当前全球政治经济格局正在经历巨变，不确定性仍在加大。大国博弈加剧，全球供应链紊乱，世界经贸规则边际失效，国际市场全面收缩，投资、消费预期变差。未来宏观经济形势及劳动力市场面临的极端不确定性，导致居民消费收缩。即使未来疫情管制措施逐渐解除，高度不确定性的宏观经济环境对消费仍存在直接的抑制作用。全球经济面临持续下行风险。世界经济整体上一度有所恢复和改善，但产业链、供应链和物流航运呈现新的不确定性风险，全球经济分化难以避免。预计大多数主要经济体的经济产出至少在2022年前无法恢复至疫情前水平，在发达经济体中，仅美国经济复苏前景将优于日本和欧洲，但也在走下坡路。

二、我国经济趋缓节奏早于市场预期，经济风险呈扩散之势

（一）2021年3季度各主要经济指标回落明显

2021年初以来国内经济增长趋势逐渐呈现放缓态势，在疫情反复和强降

雨、洪涝等极端天气灾情的冲击下，1—8月主要指标的累计增速保持了较快增长，但主要指标月度环比增速全面回落，制造业PMI、PMI新出口订单、房地产销售和投资、社会融资规模以及M1、M2等经济先行指标持续回落。9月份工业增加值、固定资产投资因拉闸限电等明显回落，社会消费品零售总额等一系列经济指标也开始回落。例如，受收入分配结构、消费需求结构等长期性因素制约，以及地产调控、教育培训市场整顿、反垄断、数据安全、能耗总量和强度考核加力等政策因素的影响，市场违约增多，投资和消费持续疲软。从经济复苏结构来看，之前支撑经济总量修复的出口与房地产投资，均可能成为下拉力量。在房地产调控政策影响下，第三季度房地产开发投资同比增速大幅回落。而消费、制造业以及基建投资的复苏态势仍迟缓，经济趋缓节奏早于预期。

（二）大宗商品价格持续高企将加剧经济收缩

我国工业经济稳定恢复的基础仍不牢固，不确定因素较多。2021年三季度以来以“德尔塔”变异株为主的新一轮疫情在全球持续蔓延，不排除主要资源国受疫情影响供给减少的可能。全球物流航运紊乱也推动价格上涨，风险预期变化导致期货等金融定价上行，也助推价格上涨，国内大宗商品“保供稳价”的压力很大，给我国工业企业生产、经营、投资等方面带来新的不确定性风险。四季度受全球流动性、疫情反复、经济增长、行政调控等多重因素影响，大宗商品价格将维持在较高水平。目前原材料成本占到制造业生产成本的60%以上，未来部分大宗商品价格仍将高位运行，对下游企业生产经营造成较大的影响。当前需求走弱，上游涨价难以向中下游有效传导，上游企业利润高增长态势恐难维持。外需走弱，内需又尚未完全恢复，中小微企业原材料成本上涨，订单减少、回款压力加大，生产经营压力攀升，利润空间日渐收窄。这将加剧经济全面收缩。

（三）失业风险加大，财政金融风险上升

2021年前三季度，就业形势保持总体稳定，但潜在的失业风险加大。一方面，就业的充分性难以实现。全球经济复苏和疫情发展面临较多不确定性，国内经济面临收缩风险。9月份制造业PMI中从业人员指数为49.0%，较8月下降0.6个百分点，低于临界值，表明制造业企业用工景气度有所下降。多点散发疫情导致部分接触性、聚集性服务行业恢复受到限制，餐饮、住宿、文旅等服务行业尚未恢复，部分中小企业仍未走出困境，叠加成本上升、经营压力加大、行政管控加力等因素，部分中小微企业困难加剧，企业用工需求缩减。另一方面，就业的结构性矛盾突出，就业的稳定性、均衡性难以实现。劳动力市场需求因经济结构调整、产业转型升级而发生变化，但教育培训领域相关改革滞后，劳动力市场供需错配现象持续存在。高技能人才短缺，“招工难”与“求职难”矛盾交织。高校毕业生就业预期与劳动力市场需求差距仍大，高校毕业生“难就业”“慢就业”现象仍然突出。农民工就业弹性巨大，仍面临诸多风险与困难。

财政金融风险上升。8月份以来，主体税种增速边际回落，中央和地方一般公共预算收入当月同比下降。而用于基本公共服务均等化、基本民生保障、重点领域支出保障及债务偿付等财政支出刚性不减，运用财政政策的空间在收缩。地方财政的压力在增大。部分中小金融机构的风险未降，不良资产可能反弹，房地产和地方隐性债务风险仍然突出，经济全面收缩，金融风险将上升。

三、政策的不协同、难预期与长期积累的结构性问题叠加，触发经济全面收缩

（一）多项政策接续出台，加大了宏观不确定性，使企业难以承受

当前财政货币政策保持了较好的连续性和稳定性，但多项公共政策接续出台，产生了极大的经济影响。如教育双减政策、能耗的双控政策、互联网反垄断、数据安全审查、科技与金融的分离政策等等，对服务业、能源行业、传统制造业和数字经济都带来了非同寻常的收缩性影响。例如，在能源消耗总量和强度的约束下，8月黑色金属制造业增速为–5.3%，连续两个月负增长，增速为2017年3月以来新低。受能耗双控政策影响，四季度能源供给仍将紧缺，煤炭价格可能保持高位，高能耗行业、企业和产品仍将收缩。我国服务业占比不高，工业整体上属于高碳行业，在能源技术突破之前，双控政策对工业尤其是制造业的影响，仍将是收缩性的。

（二）长期积累的结构性问题，使双循环不畅，增长潜力下降，经济的脆弱性增大

我国的结构性问题，最突出的是城乡结构、就业结构、人口结构的扭曲。2021年我国城镇化率达到64%，说明在城镇工作和生活的人口随着市场化的拓展而扩大；而我国农村户籍人口达到55%，这说明我国大多数人口仍是“农民”身份，而不是市民。这对经济循环中的供给和需求都会产生严重拖累。再如产业结构带有浓厚的所有制色彩。上游涉及生产资料的产业中国有经济占比较大，行业集中度高，具有明显的垄断性特

征；中下游消费品行业中民营经济占比大，行业集中度相对较低，市场竞争比较充分。再比如市场结构，在城乡分治体制下，呈现出明显二元化特征，产权、劳动力、土地等要素市场都是分割的。在多头审批、监管的体制下，债券市场至今是割裂的。诸如此类的市场不统一，降低了资源配置的效率。

当前出现的PPI与CPI的大幅度背离就是结构性扭曲加剧的反映。消费需求与投资需求、内需与外需之间的失衡是造成二者长期背离的主要因素。从产业结构看，PPI与CPI背后代表的产业所存在的所有制和市场化鸿沟，是二者长期背离的结构性原因。CPI与PPI的长期背离，还会反过来扭曲国民收入分配结构，加大贫富差距。

结构性扭曲加大经济脆弱性，若再加上各种难以预期的行政管控措施，市场主体的方向感缺失，经济收缩不可避免。

四、几点建议

（一）建立各类政策协同的生成机制，避免带给市场新的不确定性

全球经济政治的不确定性、疫情的反复已经给市场带来了很大的不确定性和风险。若政府的各类政策，包括非经济政策不协同，将会给市场带来新的不确定性，使营商环境雪上加霜。这种政策的不确定性往往给市场主体带来额外的经营成本、沉没成本和投资风险，甚至引发风险的蔓延扩散。不论各类政策目标有多大差异性，注入确定性应是共性的。应尽快建立部门间政策协同的自动生成机制。各类政策需要兼顾长期和短期，对相关主体实行有针对性的预期管理措施。促进经济稳定增长和高质量发展的政策应着眼于市

场预期改善，调动市场的力量。如能耗双控目标的实现，应把政府力量和市场力量形成合力，避免单打一。

（二）明晰多级改革目录，加快推进结构性改革

高成本、高风险制约经济稳定增长。全面深化改革是降低成本、对冲风险的根本出路。加快推进体制机制创新，也有利于微观主体的长期预期改善。一是形成清晰的多级改革目录和实施方案，推进结构性改革。二是着眼于中长期，把经济改革、社会改革和治理改革有机结合起来，着力解决重大城乡分治带来的结构性失衡与资源错配，为提升全要素生产率创造条件，为高质量发展提供新的体制政策环境。

（三）利用好降息的窗口期，发挥好金融的现代经济核心作用

作为现代经济的核心，金融的作用不只是贷款、融资和流动性管理，而是经济社会风险的枢纽。现代经济与金融日渐融合转变为金融经济，在这种条件下，可谓“成也金融，败也金融”。金融嵌入供给与需求，对促进供需进入良性循环具有关键作用。美联储量宽政策不可能一直搞下去，一旦转向，将会加大我国资本外流及人民币贬值的压力，留给我国央行为兼顾内外平衡预留政策空间的窗口期或正在收缩。降息是当前缓释风险、抑制经济收缩的关键一招。一方面，当前资本过剩，储蓄率高，具备降息的条件；另一方面，在高杠杆条件下，企业财务成本、政府利息支出压力越来越大，也迫切需要通过降息来对冲再融资风险，为货币政策传导减少障碍。对企业来说，降息一个百分点，其减负的规模远大于减税降费。为了更好地把握宏观政策的“时度效”，2021年四季度央行应考虑择机下调政策利率。

（四）2022年财政政策可适度加力，以对冲经济收缩风险

预测2022年财政收入增速回落明显，广义财政收入的增长空间有限。实现稳增长、惠民生、调结构的经济目标，可考虑适度提升一般公共预算赤字率。适当调整政府债务结构，提高中央债务比重，在地方债务中适当加大一般债务比重。同时，发挥好财政政策的结构性作用。完善中小微企业的支持政策，落实落细对中小微企业的减税政策和增信政策，加大政府采购政策支持力度。支持新型基础设施建设，搭建供需信息平台、公共数据平台，支持企业智能化改造。发挥政府引导基金和国有基金的引导放大功能，促进能源技术、高端芯片、人工智能等关键核心技术的进步。

政策协同发力，促进经济稳定增长

执笔：石英华

2021年我国经济稳定恢复，但持续修复动能不足。2022年经济下行压力依然较大。我们预计，乐观情景下，我国经济增速5.5%。但是如果各种不确定性因素叠加，经济增长存在失速风险。各项政策需要协同发力，在扩需求、强供给、稳预期上形成合力。

一、经济持续修复动能不足，需求收缩，预期走弱

2021年我国经济总量突破110万亿元，实际增速达到8.1%，经济发展稳中向好、长期向好的基本面没有变。但也应看到，内外部环境存在不确定性，经济恢复动能不稳。

（一）内需依然是经济增长的主要贡献者

如图1，2021年，最终消费支出、资本形成总额、货物和服务净出口分别拉动经济增长5.3个、1.1个、1.7个百分点，对经济增长的贡献率分别为65.4%、13.7%、20.9%。尽管2021年出口超预期增长，内需依然是经济增长的主要贡献者。

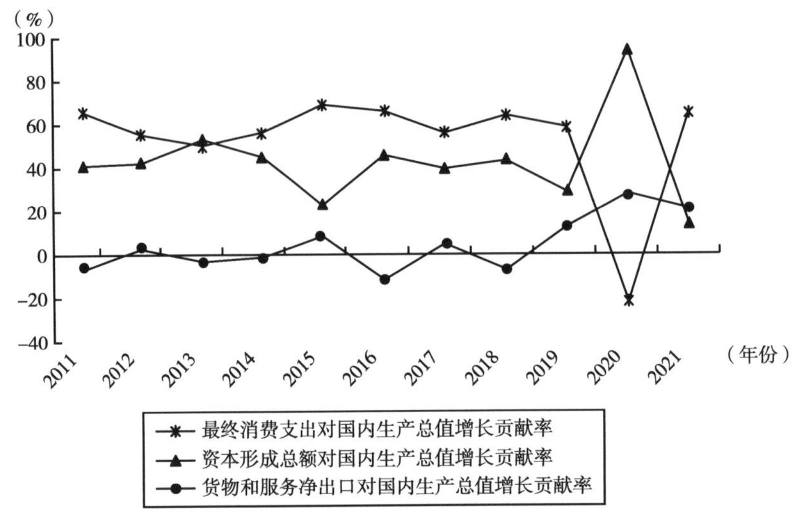

图1　最终消费、资本形成、净出口对国内生产总值增长的贡献率

数据来源：国家统计局网站。

（二）疫情、收入及预期影响消费恢复

传统的三驾马车中，消费对经济增长的贡献率还是最高的。2021年居民消费总体回暖，全国居民人均消费支出两年平均实际增长4.0%，但居民消费率（68.6%）持续下滑态势未有改变，消费升级类支出占比仍未恢复到疫情前2019年的水平，城乡居民消费率差距有所扩大。疫情反复对不同群体的消费带来非对称冲击，中低收入群体的消费收缩更明显。央行2021年第四季度城镇居民储户调查问卷显示，倾向于“更多储蓄”的居民比上季增加1.0个百分点，反映出影响未来居民消费的各类预期仍不稳定，预防性储蓄动机仍然较强。处于高位的居民部门杠杆率水平对消费支出的刚性约束仍强。

（三）投资需求仍显低迷

投资稳定恢复，但仍处低迷。基建投资持续低迷。受制于城投债紧缩、土地出让收入负增长、一般公共预算投向基建比例有限、专项债独木难支，预计2022年全年基建投资走势前高后低，前两个季度基建投资（全口径）累计同比增速分别为6.1%和6.9%，预计全年全口径基建投资同比增速6.0%。房地产投资深度下跌。成交土地溢价率处于冰点，新开工负增长。房地产销售回落，房企拿地意愿疲弱。房企现金流压力激增。一些房企不拿地不开工不还债，进一步加剧地产投资下滑。中长期房地产需求动能减弱。制造业投资持续回升，增幅一直高于整个固定资产投资增幅。结构性分化明显，12月黑色金属制造业、运输设备制造业仍然负增长。市场价格、政策因素及未明显改善的预期影响投资增长。

（四）出口需求面临较大不确定性，或将进一步减弱

疫情后被压抑需求逐步得到释放，各国财政和货币支持政策逐步退出，全球经济增长将显著放缓，世界银行《全球经济展望》报告预测，2022年全球经济增长将降至4.1%，2023年进一步下降至3.2%。我国未来的出口需求会受到一定的不利影响。发达国家经济重启仍在进程当中，其重启主要以服务性消费为主，对中国出口的需求或将进一步减弱。预计短期内出口保持高景气，但出口增速将面临下行压力，2022年一季度增速可能开始回落。

（五）CPI与PPI趋势背离的结构性因素值得关注

2021年，需求收缩之下CPI低位运行，供给冲击之下PPI高位震荡，二者之间的“剪刀差”迅速扩大。展望2022年，受消费恢复、猪肉价格反转、上游成本传导、能源价格可能上行等因素影响，CPI预计呈现前低后高的走势；受大宗商品供需矛盾有所缓解、西方国家货币政策相对收紧、基数相对较高等因素影响，PPI预计呈现前高后低的走势。CPI与PPI的“剪刀差”将

有一定程度的收敛。PPI与CPI指数经常性背离，主要与国内消费需求疲软、资源性产品市场定价机制未理顺、特定商品的价格周期等因素有关，其中蕴含的重大结构性问题值得关注。内需与外需、投资需求与消费需求的失衡；上游和中下游产业所具有的所有制和市场化鸿沟，造成CPI与PPI两者长期背离。而CPI与PPI的长期背离，又会扭曲国民收入分配结构，拉大金融机构、非金融企业和居民之间的差距，对宏观经济政策构成较大挑战。

（六）特定行业、特定群体的就业问题仍值得关注

经济稳定恢复带来就业增长，2021年就业总量目标提前实现，四季度的全国城镇调查失业率和31个大城市调查失业率已回到疫情前的水平。但就业的结构性问题仍很突出，特定行业、特定群体的就业问题仍值得关注。截至2020年，我国教培行业的从业者人数超过1000万，房地产行业相关就业人数4000万—5000万，能耗“双控”、教育“双减”和房地产调控等政策对就业市场带来冲击。12月份，16—24岁青年失业率为14.3%，与上月持平，但显著高于2018—2020年的同期水平。疫情反复对劳动密集型服务行业造成影响，可能带来局部失业问题。

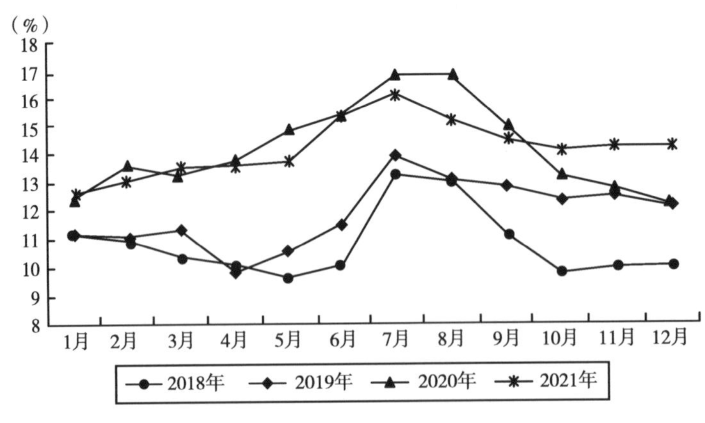

图2　16—24岁调查失业率

数据来源：wind。

二、政策协同发力，促进经济稳定增长

2022年，我国经济发展面临需求收缩、供给冲击、预期转弱三重压力。综合判断，供给冲击逐步改善，预期走弱、需求收缩是当前政策的主要着力点。我国需求的扩张速度将进一步放缓，其中，消费改善的程度有限，投资渐趋稳定，仍注重结构优化，出口预计逐季下行。供给侧的约束可能持续存在，供需缺口“再平衡”仍面临多重阻碍。

我们预计，乐观情景下，我国经济增速5.5%。但是，如果各种不确定性因素叠加，如疫情在全球范围内仍有反复，超预期的全球通胀持续，中美在科技等领域的风险激化、对风险偏好产生潜在冲击，猪油共振导致通胀预期、供应链和能源及劳动力供需矛盾等问题持续恶化，东南亚产能修复后对我国出口的平行替代；国内疫情出现局部反弹，消费意愿和消费偏好难有持续性改变，市场预期仍难明显改善，经济增速可能低于5%。谨防经济增长失速，各项政策需要协同发力，改善预期，扩大需求。

（一）宏观经济治理、政策制定实施需兼顾长期预期的引导和短期预期的改善

外部环境的不确定性、疫情的反复、监管政策的密集出台对市场主体偏保守的心理、偏收缩的行为模式产生叠加影响，进一步强化消费者、生产者、投资者的预防性动机和谨慎性动机，其行为的收缩特征仍然明显。经济复苏期间宏观经济治理仍需重视市场主体、社会主体预期的改善，兼顾长期预期的引导和短期预期的改善。一是明确中长期改革的时间表，进一步提升透明度，引导长期预期。二是注重政策的稳定性、系统性、集成性，避免宏观政

策“微观化”“碎片化”“短期化”，扰乱市场主体预期。三是抓住经济运行中的主要矛盾和矛盾的主要方面，精准发力，避免政策传导扭曲和政策效应弱化。四是对相关主体实行有针对性的预期管理措施，合理把握政策实施的时序、节奏和力度，适应周期性、结构性的调控需要。五是惠及市场主体的政策适当靠前发力，让市场主体尽快吹到政策的“暖风”。

（二）构建共同富裕长期目标下系统的政策体系，改善分配改革预期，提振消费信心

构建系统的政策体系，支撑共同富裕长期目标的实现。通过增加公共消费提升人力资本，进而提升劳动生产率，创造出更多的财富，为收入分配夯实物质基础。在做大蛋糕的基础上，通过税收、转移支付、社会保障等政策工具进行再分配，缩小人群间的收入差距，实现提低扩中限高的目标。通过深化改革，完善政策，建立良好的激励约束机制，形成人人参与、人人努力、人人共享的局面，充分调动人民的积极性，引导分配改革预期改善，避免政策对人们创业创新积极性的扭曲。

（三）注重财政政策、货币政策总体效能提升和协调联动

注重财政政策、货币政策总体效能提升，充分发挥宏观调控政策的最大效果。二者的协同联动体现在三个方面：

一是在总量性政策上适度加力，在扩张需求上协同发力。保持适度的一般公共预算赤字率，保持必要的财政支出强度，加快财政支出进度，继续实施减税降费政策，对冲需求收缩压力；货币政策在延续稳健格局下则要灵活适度，与财政政策形成合力，保持市场流动性合理充裕，通过降低基准利率引导市场利率下降，减轻私人部门的债务压力。利率下降还会带来资

产价格估值上升，进而改善私人部门资产负债表；改变跨期支出的相对价格，扩大私人部门自发的投资和消费水平。

二是发挥好结构性调节作用。主要体现在：支持公共投资，适度超前开展基础设施投资，注重政府基建投资的融资可得性、可持续性和有效性；货币政策边际宽松带来的增量资金需优先向中小微企业等重点领域和薄弱环节投放，加强对支持小微企业，支持普惠金融，支持绿色金融等方面的“精准滴灌”；加大对中小微企业的减税降费政策和融资担保费率下调政策支持，加大定向再贷款等结构性货币政策支持，打好减税、政府采购、融资等政策组合拳。

三是在防控债务风险和处置风险上协调。优化政府债务结构，加大中央政府债务，压减地方政府债务。加大地方一般债券的发行规模，减少地方专项债券的发行规模。加快建立更为科学的地方政府投融资体制，区别经营性、准经营性或非经营性投资项目，采取差异化融资模式，探索推进专项债与PPP融合发展，建立健全实施主体选择、社会资本投资回报、政府风险分担、运营后监督及问责等机制。政策联动防范化解地方隐性债务风险。

（四）以系统思维推动各项政策协同效应的发挥

中央经济工作会议提出七大政策组合拳。推动经济实现质的稳步提升和量的合理增长，需要更加重视发挥生产要素和制度的系统组合，减少要素之间、制度之间、要素与制度之间的摩擦和互斥，以系统思维推动宏微观政策、结构政策、科技政策、改革开放政策、区域政策、社会政策的协同效应发挥。如科技政策应最大程度地盘活人才、资金与机制等要素间的组合效应，改革开放政策着力推动部门、行业改革政策的系统集成，区域政策应着眼于要素禀赋强化特色发展，培育落后地区的发展基础。社会政策着力推动基本公共服务的集约化供给，就业政策、公共政策的完善着眼于化解中长期结构性矛盾和应对人口老龄化。

总报告：经济稳定恢复，政策发力促供需再平衡

——2021年经济运行分析及2022年经济形势展望

中国财政科学研究院宏观经济形势分析报告课题组

执笔：石英华　王志刚　王宏利　武靖州　苏京春

李承怡　刘　帅　刘天琦　张　帅　吉　嘉

总撰：石英华　刘天琦

结合2021年全年的数据，报告分析了2021年经济运行及2022年经济形势展望。认为2021年中国经济稳定恢复，但持续修复动能不足。2022年中国经济“前低后高”，下行压力依然较大。美国经济政策对全球具有深远影响，欧洲经济复苏偏缓，新兴市场经济体被动加息，金融脆弱性凸显。主要的政策建议包括：共同富裕下增强分配改革预期，提振消费信心；积极财政政策稳定持续发力，精准、蓄势助力经济运行；货币政策将稳中有松，总量和结构性工具并举；财政政策与货币政策协调联动，提升政策整体效能；继续实施就业优先的宏观政策；以稳物价为经济稳定相关政策留下更大的空间。

一、2021年经济稳定恢复，但持续修复动能不足

2021年全年，中国经济总量达到114.37万亿元人民币，突破110万亿元，中国经济实际增速达到8.1%，经济发展稳中向好、长期向好的基本面没有变。但也看到，内外部环境存在不确定性，经济恢复动能不稳，GDP季度增速下滑，一至四季度GDP同比增速分别为18.3%、7.9%、4.9%和4.0%。

（一）居民消费全面恢复但未达到疫情前水平

1. 2021年消费运行基本特征。一是消费重回经济增长主贡献者地位。2021年，最终消费支出、资本形成总额、货物和服务净出口分别拉动经济增长5.3、1.1、1.7个百分点，对经济增长的贡献率分别为65.4%、13.7%、20.9%，内需依然是经济增长的主要贡献者。二是居民消费总体回暖，但居民消费率未恢复到疫情前水平。2021年，全国居民人均消费支出实际同比增长12.6%，两年平均实际增长4.0%，但居民消费率68.6%仍然没有恢复到2019年水平，延续了之前持续降低的趋势。三是CPI呈现前低后高的态势，PPI和CPI间的剪刀差有所缩小。2021年，CPI温和上涨0.9%，涨幅比上年回落1.6个百分点；PPI月度同比涨幅呈现冲高回落走势，四季度开始，煤炭、金属等能源和原材料价格快速上涨势头初步得到遏制，PPI涨幅有所回落。

2. 2021年消费结构特点。一是消费升级趋势恢复，但仍未完全达到疫情前水平。2021年各个季度的消费升级类支出占比均高于2020年，但是均低于2019年。城乡居民消费升级类支出占比差距扩大，2021年第四季度农村居民消费升级类占比有所降低，城镇居民消费升级类支出占比超过农村。二是线上消费保持较快增长，持续成为消费的热点。2021年，全国网上零售额同比增长14.1%，比2020年提高3.2个百分点，网上零售保持恢复性增长态势。三是新能源车产销成亮点。2021年，新能源共生产354.5万辆，同比增长157.5%，销量超过352.1万辆，市场占有率提升至13.4%，能源汽车市场从政策驱动转向市场拉动。中国品牌汽车国内市场份额已超过44%，接近历史最好水平。四是农村居民收支增速高于城镇居民，城乡居民消费率持续分化。2021年，农村居民人均可支配收入、人均消费支出分别实际增长

10.5%、15.3%，较城镇居民人均可支配收入、人均消费支出高出3.4、4.2个百分点。农村居民消费率持续高于城镇消费率，城乡居民消费率差距有所扩大。

（二）多方面因素致2021年基建增速不及预期

2021年，各地坚定实施扩大内需战略，着力扩大有效投资，固定资产投资稳定恢复，投资结构不断优化。固定资产投资的三个主要领域：制造业投资维持高增态势，房地产投资深度下跌，基建投资持续低迷。主要在于：第一，基建相关财政支出占比缩减。1—11月基建相关财政支出同比增速为–3.5%，较前值上升了0.6个百分点，两年平均增速为–6.2%。第二，新增专项债发行进度偏慢，基建类投向占比亦略有降低。从新增专项债投向结构来看，基建类投向规模1.74万亿元，占比65%，较2020年略有下降。第三，地方政府隐性债务管控机制强化，在一定程度上抑制基建投资。清理地方融资平台公司，严禁违规融资，加强监督等管控机制，抑制了地方政府对基础设施投资，城投平台融资收紧。2021年1—10月，城投债净融资1.6万亿元，较上年同期下降12.2%。第四，缺乏优质项目，穿透式监管导致项目申报、审批更加严格。我国投资传统基础设施项目的边际效益降低，项目收益难以覆盖融资成本。

（三）2021年房地产销售、开发投资持续回落

2021年房地产销售回落，房企拿地意愿疲弱。第一，成交土地溢价率处于冰点，低迷的土地成交导致新开工负增长。2021年土地成交溢价率整体呈快速下跌趋势，市场受房地产调控政策影响重大。第二，拿地和开发变难。三道红线降杠杆，集中供地去库存。三道红线促使房企加快存量项目施工，

集中供地加剧土储去化，新开工持续负增长，存量项目持续下行。第三，信用收缩、现金流吃紧。银行房贷两集中制度对房企抽贷断贷，恒大事件加剧行业流动性风险，预售资金监管导致房企现金流压力激增。2021年前11个月共有343家房企宣布破产，以小微房企为主，大型房企出现“爆雷”现象。一些房企不拿地不开工不还债，进一步加剧地产投资下滑。

（四）2021年进出口延续高增，顺差创新高

2021年进出口整体保持高增态势，韧性较足，稳中提质。进出口规模逐季增大，同比增速有所回落。12月出口延续高增速收官，进口增速不及预期，贸易顺差再创新高。出口持续超预期增长，2021年12月出口同比增速20.9%，高于市场预期18%，对美国出口具有韧性，对欧盟和东盟的出口与两年复合同比增速均有所下滑，主要成员国制造业继续维持高景气，外需仍旧偏强，为我国出口形成支撑。从出口产品结构来看，手机、汽车及其零配件的出口也维持较好表现，家电保持稳定。工业资本品出口表现亮眼，略好于消费品，工业资本品需求边际回升。进口增速略低于预期，各类商品增速大幅分化。对美国和日本的进口增速回落最显著。从进口产品来看，大宗商品进口增速表现大幅分化，以原油、煤及褐煤、天然气为代表的能源产品进口保持高增。

（五）2021年制造业投资持续回升，结构性变化显著

1.制造业投资呈较好的回升态势。2021年，制造业固定资产投资完成额累计同比增13.5%，较全社会投资增速高8.6个百分点。高技术领域投资保持快速增长，电子设备、医药行业投资两年平均增长17.1%和18.0%，对制造业整体投资增长起到一定的引领作用。制造业投资的回暖源于我

国长期向好的基本面、大宗商品涨价和政策降成本带来的企业盈利快速修复。

2.制造业结构性变化显著，成本价格因素导致分化。一是受疫情、限产政策及缺芯等因素影响，部分行业生产回落，年末有所缓解。2021年，黑色金属制造业连续5个月负增长，12月扭转负增长增速仅为1.5%；受汽车芯片主产能地东南亚疫情反复，汽车制造业增加值当月同比增速跌至-7.9%，年底出现6个月负增以来的首次转正，增速达到2.8%。二是企业盈利整体修复下分化趋势仍然较大。PPI走高、大宗商品价格上涨带来工业整体盈利大幅修复，但由于价格在产业链的不均衡传导，工业企业盈利分化态势显著增强。前三季度，处于产业链上游的油气开采、有色、石油加工、化工、钢铁行业利润分别增长2.97倍、77.6%、70.8%、69.3%、42.6%，增速大幅高于或大体相当于工业整体利润增速（44.7%）。同时，消费品制造业利润同比增长9.7%，较工业整体利润增速低35个百分点。

（六）能源供应能力持续提升，供需紧平衡态势有所缓解

1.能源供应稳步增长。2021年，原煤生产稳步提速、原油生产增速稳中有降、天然气生产和发电波动放缓。全年生产原煤40.7亿吨，比上年增长4.7%；生产原油19898万吨，比上年增长2.4%；生产天然气2053亿立方米，比上年增长8.2%；发电81122亿千瓦时，比上年增长8.1%。

2.能源消费呈“前高后低”增长态势。2021年，能源消费增长呈现“前高后低”态势，同比增速逐季回落，能源消费总量比2020年增长5.2%，其中全社会用电量83128亿千瓦时，同比增长10.3%，两年平均增长7.1%。

3.能源价格持续高位运行，对外依存度仍较高。2021年，受疫情平缓，工业复苏导致需求激增，全球通胀，以及用能行业原材料市场的牵引作用，

能源价格有所回落，但仍处于高位，原油（WTI）、煤炭（动力煤期货）、天然气（亨利港管道气）最大涨幅分别为73.79%、181.88%和148.43%。2021年，煤炭和天然气进口保持增长，原油进口有所下降。全年进口煤炭3.2亿吨，比上年增长6.6%；进口原油51298万吨，比上年下降5.4%；进口天然气12136万吨，比上年增长19.9%。

（七）交运经济稳中向好，海洋经济或成经济增长新势能

1. 交通运输经济稳步向好。客运量与货运量逐步趋于平稳，客货运输基本稳定，呈现持续向好的态势，为经济稳定增长提供支撑。快递物流平稳发展。我国规模以上快递业务量实现了总规模的快速增长，从2019年月均不足600亿件增长到2021年月均超过800亿件。在多重"减税降费"政策组合、数字化智能化改造以及多式联运协同推进支持下，我国物流产业发展指数波动式上行，实现了发展规模与发展能力的双赢。

2. 交通运输经济风险未消，负面溢出效应显著。一是国际集装箱运价持续维持高位，阻碍进出口贸易平稳运行。"一箱难求"、港口拥堵、作业效率下降、集装箱滞留海外、延时交付，多重因素交织叠加致使国际海运价格持续维持高位，国际供应链不安全不稳定程度上升，存在中断风险。二是新造船价格上升，挤压造船企业利润空间。工业类大宗商品价格上涨，加之劳动力价格上升及人民币升值，推高了新造船只成本，船舶制造工业企业手持新增订单增多却出现"增收不增利"的窘境。三是新能源汽车充电设施与芯片供给不足，横向延伸与纵向发展存在势头减弱风险。受到芯片短缺严重困扰，2021年国内外多家汽车企业减产或停产；因动力不足、里程较短，工业领域动力车领域新能源渗透率仍处于较低水平；叠加充电与换电基础设施建设相对滞后，新能源汽车推广应用补贴终止，新能源汽车产业的稳步推进

势头减弱。

（八）需求收缩下CPI低位运行，供给冲击下PPI高位震荡

2021年，需求收缩之下CPI低位运行，供给冲击之下PPI高位震荡，二者之间的“剪刀差”迅速扩大，对宏观经济政策构成较大挑战的同时，也反映出了经济结构中存在的突出问题。

1.需求收缩下CPI温和上涨。全年CPI低位运行。2021年，CPI比去年上涨0.9%，不包括食品和能源的核心CPI上涨0.8%。食品与非食品价格走势分化。食品价格下降1.4%，拉动CPI下降约0.26个百分点，其中，猪肉价格下降30.3%，拉动CPI下降约0.7个百分点。非食品价格上涨1.4%，拉动CPI上涨约1.17个百分点，其中，能源价格上涨8.3%，拉动CPI上涨约0.56个百分点。新冠肺炎疫情持续导致的需求收缩叠加猪肉价格进入周期底部是抑制CPI上行的主要因素。

2.供给冲击下PPI高位震荡。PPI冲高回落。2021年，PPI上涨8.1%，在国际大宗商品价格走高影响下创历史新高。分大类看，全年生产资料价格上涨10.7%，拉动PPI上涨约7.97个百分点，几乎贡献了PPI的全部涨幅；生活资料价格上涨0.4%，涨幅比上年回落0.1个百分点，影响PPI上涨约0.09个百分点。供给冲击是PPI高位运行的主要因素。

二、2022年经济“前低后高”，下行压力依然较大

2022年，我国经济发展面临需求收缩、供给冲击、预期转弱三重压力。同时，国际环境更趋复杂严峻，国内疫情散发影响仍在持续，供给和需求仍

面临较多制约。2022年，需求的扩张速度将进一步放缓，其中消费趋于改善但程度有限，投资仍注重结构优化，出口逐季下行但全年为正。供给侧的约束可能持续存在，供需缺口“再平衡”仍面临多重阻碍。

（一）全年经济增速呈“前低后高”态势

预计2022年中国经济增速呈现前低后高态势，全年经济实际增速约为4.9%—6.3%。结合通胀和实际GDP等因素的判断，预计GDP增速为5.5%，走势为一季度较低、二季度企稳，下半年较高。

1.乐观情景。宏观整体有利因素较多的情况下，2022年，随着国内加强针接种大幅推进，防疫措施逐步放松，消费和服务业反弹；房地产库存水平相对较低，上游行业供需平衡较为紧张、产能利用率处于高位，房地产活动下跌幅度和溢出影响舒缓；产业链、供应链自主的可控加强，制造业投资加大。在疫情缓和、货币政策尚未大幅退潮的窗口期，出口将保持高增长。预计2022年GDP增速将在5.5%—5.8%。

2.中性情景。2022年疫情对消费影响的持续时间存在不确定性。2022年地产投资下行压力大概率大于2018年，地产投资增速可能出现负增长。短期出口有支撑，但在全球供应链恢复过程中出口或逐渐向前期平台回归。预计2022年GDP增速可能达到5.2%—5.5%。

3.保守情景。基于不确定性扩大，假设疫情形势仍不明朗，疫情反复，中美在科技领域等风险激化、对风险偏好的潜在冲击，猪油共振导致通胀超预期、供应链和能源及劳动力供需矛盾等问题持续恶化，造成超预期全球通胀持续。悲观假设下，预计2022年GDP增速为4.9%—5.2%。但在宏观调控的支撑和各项稳定政策的托底下，全年增速低于4.9%的可能性不大。

（二）居民消费有望升级加快，业态延续多元态势

一是内需扩大战略和短期促消费政策将为消费注入新动力。政策的确定性有利于促进形成稳定的收入与消费预期。预计未来将有财税、货币等差异化的消费促进政策，稳定居民基本生活消费，降低居民的不确定性预期，不断释放居民消费潜力。预计2022年居民消费大概率会呈现出“前低后高”特点，消费升级的步伐会加快，消费业态将延续多元化态势，服务类消费会不断增长。

二是警惕新冠疫情反复对消费的非对称冲击，应关注重点服务行业人群。各国疫情防控成效不一带来对全球供应链的非对称冲击，进一步影响全球大宗商品的价格，导致部分商品价格上升。劳动密集型服务行业人员接触性特征显著，经济活动不易进行线上替代，一旦有人员感染易通过人群网络扩散，应加强此类就业人员的疫情防护要求，做好就业和社会保障工作，避免疫情带来局部失业问题，尽可能降低疫情冲击对中低收入群体带来的消费收缩。

（三）预测基建投资增速回升聚焦上半年

预计一季度或上半年是重要的稳增长政策发力阶段，基建投资作用进一步凸显。债务压力相对较小的地区，专项债、重大项目等相对较多。目前近半数省级党政机关已完成换届，明年新一轮政治周期开启，基建投资的意愿增强，结合2021年下半年固定资产投资项目审批明显加快，主要集中在交通、能源行业，预计2022年一季度基建增速回升。但受制于城投债紧缩、土地财政负增长和一般公共预算投向基建比例有限的影响，专项债独木难支，部分地方可能出现“项目等资金”的情景，全年基建走势前高后低。预计2022年前两个季度基建投资（全口径）累计同比增速分别为6.1%和6.9%，预计全年全口径基建投资同比增速6.0%。

“新基建”动能强但规模小，传统基建助力。2022年是新基建大年，主要形成三大范畴：电力系统（绿电、储能、特高压）、交通建筑（城轨交通、充电桩、加氢站、BIPV）、信息（数据中心、5G基站、工业互联网等）。在双碳目标推动下，“新基建”未来发展动能较强，但体量上稳增长仍要靠老基建助力。2022年能源转型进程加速，数字经济迅速发展，预计“新基建”全年增速达20%以上。

（四）房地产需求动能减弱，市场更趋平稳

中长期房地产需求动能减弱，预计供给缩量、房地产税试点等将拖累市场交易规模。预计2022年全年商品房销售面积下降6.8%—8.3%。受土地价格上涨，一、二线城市成交规模占比提升等因素影响下，销售均价仍将保持平稳运行。商品房销售额预计有所下降，但降幅有限。随着房地产调控政策稳步推进，房地产开发企业更加稳健，房地产市场供给逐步优化。多主体供应、多渠道保障、租售并举的房地产市场供给格局也在逐步形成。因城施策有利于促进房地产市场良性循环。坚持房住不炒，坚持“三稳”——稳房价、稳地价、稳预期，有利于促进房地产市场平稳运行，也有利于保障群众正常居住需要。

从土地供给端来看，预计2022年一季度土地市场仍无明显回暖迹象，2022年市场热度波动弱于去年，市场更加平稳。受行业销售景气度尚未复苏，行业资金压力缓解有限，融资改善更多体现在头部央企、国企，进一步传递到土地市场，民企拿地能力不足，拿地金额占比持续降低。在“因城施策”政策指引下，或有部分城市放松调控，但整体房地产政策偏紧仍是大势所趋，特别是房地产金融监管环境预计将长期收紧，2022年企业拿地态度将会更加谨慎，房企将更加关注素质较好的地块，稀缺优质土地的竞争热度也会延续高位。

（五）出口短期将持续高景气，增速面临下行压力

1. 出口超预期短期内仍然是常态。一是海外供应链的修复面临变种株的疫情扩散、复杂的内部矛盾例如财富效应膨胀导致的就业意愿下降等困难，短期内想恢复并非易事。海外需求仍具有一定的韧性。二是RCEP于2022年1月1日起正式生效，成员国大幅下调关税壁垒，全球近1/3经济体量将形成一个共同的大规模市场，这将进一步带动区域内的贸易增长。从各方预测数据来看，预计2022年我国仍将有9%以上的出口增速。

2. 出口增速将面临下行压力，一季度增速会开始回落。2021年四个季度的出口两年平均增速分别为13.4%、14.2%、16.1%、19.8%。2022年一季度，外需具有一定的韧性，但预计会面临与经济同步下行的压力，IMF将2022的经济增长预测从2021年的5.9%下降到了4.9%。主要在于：一是大宗商品和运费价格处于高位，成本上升对出口增长产生拖累。二是人民币汇率表现坚挺，2021年出口超预期带来的贸易顺差高企，外汇流入增多，人民币汇率变动趋势受多方面因素影响，表现为双向波动，人民币汇率可能继续走强拖累出口。三是美国港口拥堵日益加剧，卸货工人短缺，导致卸货时间延长，预计降低美国对中国的进口。

（六）能源供需紧平衡有所缓解，新能源生产继续加速

1. 能源供需紧平衡有所缓解。受高基数影响，2022年上半年用电增速或将放缓，煤炭消费增速将回落，煤炭保供政策延续，已形成部分实质新增产能，后续即使保供政策退出后，供应仍有保障。国内原油生产继续加速，供应增加。随着“增储上产七年行动计划”持续推进，国内天然气产量和供应量快速增长，新增探明地质储量保持高峰水平。

2.新能源生产继续加速。2021年，非化石能源发展迈上新台阶，全国可再生能源发电装机规模历史性突破10亿千瓦，水电、风电装机均超3亿千瓦，海上风电装机规模跃居世界第一，新能源年发电量首次突破1万亿千瓦时大关，继续保持领先优势，预计2022年新能源生产将继续加速。

3.能源价格趋稳或有分化。疫情后经济复苏以及全球碳中和的双重背景下，石油和煤炭向天然气的转化速度会进一步加快。煤炭价格稳中有降，原油和天然气价格依然存在上涨动力。随着气候转暖供暖需求减少，2022年中长期煤炭合同覆盖范围扩大，煤炭价格预计趋稳。供给端上游资本开支放缓，天然气供需将会长期保持紧平衡。2022年一季度受奥密克戎病毒冲击，石油需求暂时下降，二季度可能出现反弹，下半年世界经济可能强劲复苏，石油需求也将持续增加。

（七）交通运输经济向好态势未变，为双循环提供有力支撑

2022年，在“提前扩大基础设施投资，加快形成内外联通、安全高效的物流网络，适度超前开展基础设施投资，为国内大循环、国内国际双循环提供有力支撑”基调下，以交通运输及其相关产业作为经济发展、技术创新、产业融合以及就业创造等多重目标实现的重要支撑点与着力点。一是适度扩大中西部地区交通基础设施投资规模，加快推动交通设施绿色智能改造升级。加快补齐中西部地区枢纽型城市与旅游城市之间交通设施短板；加快推动国际港口基础设施数字化升级，提高新能源汽车充电换电站及配套基础设施建设。二是加快推动现代物流体系与产业融合发展，着力打造现代物流产业集群。加快布局国家骨干冷链物流基地，织密冷链物流节点设施网络；推进农产品流通体系、冷链物流流通基础设施、农产品电商产业链融合发展。三是加大海洋经济技术改造投资，提高海洋经济创新性与安全性。加强海洋科技领域的基础性、系统性与突破性科技创新，支持海洋循环经济设施建设。

（八）CPI前低后高，PPI前高后低，“剪刀差”或呈收敛态势

展望2022年，受消费恢复、猪肉价格反转、上游成本传导、能源价格可能上行等因素影响，CPI可能会呈现前低后高的走势；受大宗商品供需矛盾有所缓解、西方国家货币政策相对收紧、2021年基数相对较高等因素影响，PPI可能呈现前高后低的走势。这种方向变化将导致CPI与PPI的“剪刀差”呈收敛态势。

1.消费恢复与成本传导可能推动CPI前低后高。考虑疫情影响减少、PPI的传导效应逐步显现、猪肉价格较大可能触底反转、地缘政治影响下石油价格上行等因素，2022年CPI上涨幅度会大于2021年，且呈现前低后高的走势。但2022年CPI全面大幅上行的概率较低，预计仍能保障在合理区间运行。

2.供需平衡与政策调整可能导致PPI前高后低。2022年供需再平衡与政策调整会抑制大宗商品价格逐步回落。从需求端看，预计2022年全球经济增长会明显放缓，前期被压抑的需求逐步释放完成，大宗商品需求增长乏力。从供给端看，新冠肺炎疫情变异的不确定性、地缘政治事件、自然灾害等因素仍会制约大宗商品供给，供给冲击仍难消除。从政策面看，以美国为代表的西方主要经济体货币政策正常化方向基本明确，将导致全球流动性收紧，成为抑制大宗商品价格上涨的重要因素。

三、全球经济复苏分化，政策转向节奏相异

（一）美国经济政策环境对全球经济造成深远影响

1.美国经济持续回暖，财政收入稳步增长。2021年美国经济持续回暖，

制造业与服务业PMI均值处于50%以上，随着拜登政府救助计划和经济纾困计划的落实，制造业与服务业温和复苏，复工复产稳步推进，加之前期未释放的消费潜力支持经济复苏，财政收入增长高于疫前同期水平。

2.财政政策重心调整，逐步转向提振美国经济。疫情暴发初期，美国财政支出重点保障联邦政府有序运转。之后，美国政府通过加强社会救助及促进经济复苏等系列法案，财政支出重点转向疫情防控、患者救治、家庭纾困，以避免家庭破产。2021年以来，美国政府先后推出1.9万亿美元的“美国救助计划”，为现有联邦公共工程项目提供1万亿美元的《基础设施投资和就业法案》，以及涵盖医疗保健、气候变化、移民、教育、社会计划及税收改革等多项条款的1.75万亿美元的《重建更美好未来法案》，签署了包含0.55万亿美元新增基建投资法案，用于修建道路、桥梁等交通基础设施，更新完善供水系统、电网和宽带网络等。预计未来5年，拜登新政将支持基建投资年均复合增速新增2个百分点，成为激发经济活力、带动就业创造以及重塑经济韧性的重要支撑。

3.量化宽松货币政策，加剧全球通胀持续加速上行。为统筹疫情防控和经济社会健康发展扎实推进，美国政府实施了力度空前的货币刺激政策，大规模推行财政赤字货币化，致使流动性泛滥，尤其是零利率、无上限的量化宽松货币政策，“放水”速度与规模空前。2021年4月起，美国通胀指数持续攀升；12月份，CPI同比涨幅达到7%，创近40年来最大同比涨幅。根据12月的议息会议声明，美联储从2022年1月开始加速缩减购债规模，规模将提速至每月减少300亿美元，到3月中旬结束本轮量化宽松，较11月议息会议规模进一步加大。同时，大部分美联储官员（17人）认为2022年应加息三次，部分美联储官员希望在加息后不久开始缩表。

4.供应链瓶颈多点暴发，改变全球供应链格局。2021年二季度以来，美国零售和食品服务销售额同比快速上升，而重要的进出口货物集散地长滩港运转效率不支，集装箱货物吞吐量当月同比大幅下降，导致美国境内消费品供给短缺。同时，变异毒株奥密克戎的出现更是放大了供应链中断这种不确定性。美国交通部长皮特·布蒂吉格表示，目前困扰多个行业的供应链问题将与新冠疫情一样持续下去。据“今日俄罗斯”报道，洛杉矶港面临的供应链问题日益严重，即使实行“7天24小时”作业模式后，情况依然未有好转，直接或间接地拖累了财政经济有序恢复。

5.财政刺激计划扩大了财政赤字水平，推高了通胀水平。拜登政府上台后，以财政兜底对冲公共卫生及其衍生的经济风险，加速经济重启，一定程度上促进了经济温和修复，缓解了就业问题。但财政刺激计划因其规模较小、占比相对较低，对经济直接拉动作用可能有限，对未来十年就业创造效果可能更为显著。宽松的财政政策也进一步增加债务规模，加剧了财政收支失衡，为弥补财政收支缺口，拜登政府着手进行税改，企图通过提高企业所得税税率以及向富人征税来应对资金短缺。但新政所创税收尚不足以支撑巨额财政预算支出。财政刺激计划也显著地推高了通胀水平，一定程度上抑制了需求增长，强化了美联储提前加息的预期。但货币政策收紧节奏存在风险，加息过早或过晚都将再次对美国经济造成冲击。2022年美国经济持续修复多重不确定性也进一步被放大。

（二）欧洲经济复苏偏缓，欧央行态度相对温和，不急于紧缩

2021年，随着欧元区经济复苏，物价水平快速上涨，据欧盟统计局数据，欧元区12月CPI年率达5%，创下1991年欧盟成立以来的历史新高。但相较于美国，欧洲经济复苏偏缓，尽管当前欧元区通胀水平仍然较高，但欧央行依旧没放弃“暂时性通胀”一说，始终认为由供应链问题引起的通胀驱动因素大多是暂时的。12月16日，欧央行货币政策决议会议宣布，2022年

一季度的紧急抗疫购债计划（PEPP）的购债规模将较2021年四季度放缓，PEPP至少持续到3月。但同时，为了对冲PEPP缩减的影响，将从2022年第二季度开始将常规资产购买计划（APP）的购债速度从200亿欧元提高至400亿欧元，并在第三季度下调至300亿欧元。整体而言，欧央行维持其一贯的审慎基调，确保疫情期间的超宽松货币政策逐渐平稳退出。

（三）新兴市场经济体被动加息，金融脆弱性凸显

新兴市场经济体在疫情中艰难恢复经济，印度疫情持续反复，俄罗斯经济缓慢复苏，南非经济持续不容乐观，越南经济从高增长急剧转向停滞。部分国家面临外汇储备不足、外债占比过高、短期负债比重较大等多种考验，金融脆弱性凸显。此外，通货膨胀给全球经济恢复带来压力，通胀加剧迫使多国央行加快货币紧缩步伐，包括巴西、俄罗斯、墨西哥、波兰、委内瑞拉在内，全球已有至少27个国家在2021年先后宣布加息。

四、政策发力应对多重挑战

（一）共同富裕下增强分配改革预期，提振消费信心

贫富分化无法促进内需扩大，中国的中等收入群体有限，尚未形成橄榄型社会，中低收入阶层的收入无法支撑其较高的边际消费倾向。2021年中央提出共同富裕的远景目标，未来将逐步推出的系统性改革，分配并非唯一但依然是影响居民消费的重要改革领域，这有望从根本上扭转居民消费疲软局面。

当前共同富裕面临的一个挑战就是城乡居民贫富差距问题，城乡居民贫富差距原因有很多，一些方面需要引起重视：城乡分置的土地市场让农民丧失财产性收入增长的渠道，大量闲置的宅基地无法释放其潜在价值。农村居民的金融资产缺乏且理财技能不足，使得金融市场可能成为收入差距的放大器，收入差距扩大又会导致财富差距的扩大，收入—财富会形成互动反馈导致两极分化局面。

共同富裕是一个长期过程，需要系统的政策体系来支撑，其中分配政策重要但并不唯一，要有良好的分配改革预期，也就是有一个好的激励约束机制，其关键是形成人人参与、人人努力、人人共享的局面，充分调动人民的积极性，通过增加公共消费等消费活动来提高人们的人力资本，进而不断提升自己的劳动生产率，创造出更多的财富，为收入分配夯实物质基础。在做大蛋糕的基础上，通过税收、转移支付、社会保障等政策工具进行再分配，降低人群间的收入差距，实现提底扩中限高的目标，需要注意的是政策不能扭曲对人们创新创业的积极性，西方福利国家的教训不能不警惕。在收入差距缩小的基础上，不断改善政府监管手段，运用大数据等现代监管技术，促进形成良好的消费生态，让人们有能力扩大消费，同时坚持推动国内供给侧结构性改革，不断改善产品与服务质量，通过线上线下两个渠道来更好满足人们消费升级的强烈需求。

（二）积极财政政策稳定持续发力，精准、蓄势助力经济运行

1.财政政策从“量”向“质”转变，更加注重增强市场主体活力。2022年，面对“需求收缩、供给冲击、预期转弱的三重压力”，亟待落实政策实施、强化更为精准的减税降费政策，以进一步缓解市场主体的资金压力、增强发展活力。一是政策重点着力优化政策落实机制，提升政策实施效果，让

市场主体享有确切的获得感。二是密切跟踪和结合宏观经济形势，考虑助企纾困发展的现实需要，进一步研究完善有关具体政策执行过程中存在的问题，精准、有效帮助企业获益，持续激发市场主体活力，促进经济平稳运行和高质量发展。三是中长期减税政策以优化税制结构为契机，充分利用税收的再分配调节机制，健全直接税体系，降低劳动所得税负，合理调节高收入，取缔非法收入，平衡劳动所得和资本所得税负，促进社会公平正义，助力共同富裕。

2.优化财政支出结构，提高财政支出的精准度和有效性。一是财政支出要重点支持经济薄弱环节。继续以市场主体为中心，将财政政策的着力点扎根市场主体，重点支持制造业、中小微企业等经济薄弱环节，保市场主体以保就业和保民生。二是保证财政支出强度的前提下，财政支出进度加快与效率提升需同步。继续推进“有增有减”的财政支出结构优化，支持重大项目和薄弱环节，加强对财政支出进度放缓的关注继续转向对财政资金使用效率与效果的提升，推进财政支出改革的“有增有减、突出重点”，促使积极财政政策循环有效。

3.完善地方政府债务管理，地方专项债优先对重点项目支持。防控地方政府隐性债务风险、加强隐性债务治理仍是2022年财政工作关注的重点。当前，地方政府专项债及基建类支出进度慢的原因，一方面是地方债务监管趋严下，符合要求的项目不足，另一方面是政府依靠地方投融资平台的惯性思维，地方政府为基建融资、寻求社会资本合作的动力有限。为解决合意项目不足、融资动力有限的问题，建议：一是基建等项目选取可与“十四五”重点项目规划相匹配，优先将专项债资金转向中长期重点和重大项目，以加快落实项目的实物工作量。二是伴随专项债还本对再融资债券的依赖度越来越高，为提高地方政府项目融资和实施的积极性，建议调整地方政府新增债券结构，将部分专项债额度向一般债挪腾，或可更好管控地方债务风险和提高资金使用效率。

（三）货币政策将稳中有松，总量和结构性工具并举

12月，中央经济工作会议重提“逆周期”调控，前期货币信贷政策偏紧的局面有所松动，2022年“稳增长”成为政策的主线，货币政策将稳中有松，总量和结构性政策工具并举。

1.增强信贷总量增长的稳定性，助力综合信贷成本降低。结构性货币政策发力亦需总量宽松，小微、普惠和绿色贷款等结构性政策工具是2021年央行信贷扩张的主要手段，分别占前三季度新增贷款的37%、6%和17%。但对小微、绿色和科技创新的信贷支持更多是通过引导方式，进一步优惠政策的空间有限。因此仍需要通过保持信贷总量稳定增长、畅通信贷渠道、持续释放LPR改革等总量宽松政策来促进企业综合融资成本稳中有降。在新的“稳增长”政策基调下，货币政策将稳中有松，保持信贷总量稳定增长，维持市场流动性合理充裕，并有望助力社融增速企稳回升。

2.继续用好结构性货币政策工具，强化对小微企业、科技创新、绿色发展的“精准滴灌”。货币政策需要在总需求不足和结构性问题固化之间找到平衡点，面对当前经济分化的格局，货币政策更强调灵活适度，需继续用好结构性货币政策工具。一方面，货币政策的边际宽松带来的增量资金需优先向中小微企业等重点领域和薄弱环节投放；另一方面，在总量政策无法保证精准、直达时，通过直达性政策对小微企业和科技创新等薄弱环节“精准滴灌”，防止经济进一步分化。同时，通过绿色货币政策工具进一步加大对绿色发展的支持，启动经济新增长点，对冲经济下行压力。

3.完善宏观审慎调控框架，注重稳增长与防风险的动态平衡。在“稳增长”政策主线下，防范化解重大金融风险仍然任重道远。宏观调控政策需要注重稳增长与防风险之间的动态平衡，既要避免因防风险而忽略了经济基本面的修复，

也要避免为稳增长出台强力的刺激政策而引发债务风险，还要避免防风险力度过大、过急而导致局部风险急速释放向其他领域蔓延从而引发系统性风险。在防控和处置金融风险过程中，要坚持稳增长与防风险并重，坚持市场化法治化原则，在落实企业自救主体责任的前提下，各行业主管部门、监管部门和地方政府共同配合处置，厘清并压实各方责任，避免风险链条传递和引发社会问题。

（四）财政政策与货币政策协调联动，提升政策整体效能

财政政策和货币政策是宏观调控体系框架的两大工具，协调配合有助于充分发挥政策的组合效应，提高精准性和有效性。

一是要充分发挥结构性财政政策与货币政策的配合，助力经济平稳恢复。稳健的货币政策从总量上稳定货币供应，保持货币供应量和社会融资规模增速同名义经济增速相匹配，结构性财政政策确保国家重点领域和项目的支持力度，推动经济稳定增长。面对“三重压力”，在既有的减税降费、专项债、再贷款、再贴现等财政政策与货币政策基础上，进一步加强联动落实，精准发挥政策作用，助力经济平稳恢复。

二是政策“组合拳”助力市场主体纾困。当前市场主体仍面临较大的发展不确定性，亟需财政货币政策定向“输血”，除财政贴息贷款外，税收减免、转移支付等多种财政政策工具，与普惠小微企业贷款延期付息、支农支小再贷款、碳减排等货币政策工具协同发力，有效引导金融、财政资源支持小微企业、科技创新和绿色发展，共同推动我国经济迈向高质量发展。

三是协同联动优化政府债务管理。财政政策要合理把握专项债发行节奏，保持市场流动性合理充裕，确保债券顺利发行；货币政策要引导金融服务保障重大项目合理融资需求；政策联动防范化解地方隐性债务风险，加强对地方政府、金融机构等主体监管，严堵违法违规举债融资“后门”，管控新增项

目融资的金融“闸门”。

（五）继续实施就业优先的宏观政策

2022届高校毕业生规模预计1076万人，同比增加167万人，这是高校毕业生规模首次超千万，也是近几年增长人数最多的一年，叠加大规模的农民工群体，2022年就业形势十分严峻，需要及早研究制定稳定就业的一揽子宏观政策组合。

一是针对高校毕业生、农民工等重点群体的援企稳岗帮扶政策应延续。把这些政策重点放在培养提升就业群体的能力建设上，完善创业导师制度，加大对大学生就业辅导；推广适应数字经济发展所需的数字素养培训项目，对农民工失业群体发放技能培训券，由认证的第三方培训机构进行培训，根据培训绩效去财政申领资金。

二是加大对就业容量大的中小微企业、民营企业的减税降费政策和融资担保费率下调政策，加大定向再贷款等结构性货币政策支持，同时政府要做好营商环境，稳定民营经济的发展，作为就业最大载体的民营经济稳定就能做到稳定就业。

三是鼓励新型就业模式。数字经济发展促进了网络直播、外卖骑手、共享司机等多种灵活就业模式，有的就业不在现有就业统计之列，未来可以完善对他们的就业统计与社会保障工作，鼓励各种形式的社会保险参保计划，让他们能有一个稳定的社会保障预期。

（六）以稳物价为经济稳定相关政策留下更大的空间

1.有效调节供给与需求。应聚焦初级产品供给与内需恢复优化公共政策，以“看得见的手”引导和调节供给与需求再平衡。一是加快完善农村土地流转政策，推动耕地集约高效利用，稳定并提升粮食自给能力。二是优化能源资源开发利用体制机制，合理布局产能的时空分布，提升战略性能源资源储备能力。三是发挥各级各地政府引导基金的作用，与各级政府基建投资、地方政府专项债项目互补配合，引导和调动社会资本投资恢复性增长。四是减税负、增收入并行，注重减税降费与增收政策的边际效应，以重点群体、重点领域消费增长带动整体消费的快速恢复。

2.合理引导市场主体预期。应以政策的扩张、稳定与聚焦，对冲持续弱化的预期，消除市场主体焦虑。一是惠及市场主体的政策适当靠前发力，让市场主体尽快吹到政策的“暖风”。二是适当整合各方面政策，适度拉长政策实施期限，避免宏观政策“碎片化”“短期化”，进一步扰乱市场主体预期。三是抓住经济运行中的主要矛盾、主要矛盾的主要方面，精准发力，避免政策传导扭曲、政策范围转移、政策效应弱化。

3.密切关注重点商品价格周期变化。应前瞻性研判、提前谋划、靠前施策，弱化商品价格周期对整体物价稳定的影响。一是根据猪肉价格变化适时实施猪肉收储，统筹协调各级政府、各部门及国有企业的储备能力；生猪养殖去产能过程中，引导和支持养殖企业兼并重组，提升市场集中度。二是加快推进能源产供储销体系建设，持续优化用能结构，以市场化手段促进能源节约高效利用。三是加强货币政策与其他宏观政策的协调配合，避免预期转弱导致信贷萎缩条件下流动性错配，助推资产价格大幅上涨或部分必需品投机炒作。

4.巩固和完善要素市场化改革的体制基础。一是构建生产要素结构化、层次化、社会化的产权体系。以明确中央与地方政府、政府与市场主体、政府与社会主体之间的产权关系，对生产要素产权结构化分解、层次化安排、社会化行使、市场化配置。二是完善相关法律制度，形成稳定的产权安排。三是推进配套改革，提供产权制度高效运行的环境与基础，使产权制度改革与其他领域改革能够在时空上无缝衔接。

分报告一：2022 年经济平稳恢复，增速有望达到 5.5%

执笔：王宏利

2021年全年，中国经济总量达到114.37万亿元人民币，继2020年突破100万亿元之后，再次突破110万亿元。中国经济实际增速达到8.10%，远超政府工作报告6%以上的既定目标，同时亦超过世界银行、IMF等市场预期的8.0%。按141260万人口来计算，则2021年中国人均GDP达到8.10万元人民币，约合1.255万美元，接近或达到世界银行提出的"高收入国家的最低标准"1.20万美元。

从全年分项指标来看，三大需求对经济增长都做出了积极贡献，其中主要驱动力为出口、制造业投资。进出口贸易总额超过6万亿美元，表现强劲；制造业投资全年同比增长13.5%，高于GDP同比增速。消费、房地产和基建投资恢复不显著。消费同比增长12.5%，高于GDP同比增速，但消费两年平均增速降至4%以下，当月同比增速降至2%以下。基建投资疲弱，增速降至0%附近。房地产投资同比增长4.4%，涨势放缓，市场主体以及地产企业对项目预计仍将持谨慎态度。

从季度增长看，2021年一、二、三、四季度国内生产总值增速分别为18.3%、7.9%、4.9%、4.0%；两年平均分别增长4.9%、5.5%、4.9%、5.2%。三季度经济增速回落比较明显，四季度经济两年平均增长率比三季度提高，反映了经济运行总体平稳。中国经济长期向好的基本面没有变，韧性强的特点也比较突出。

一、2022年主要经济指标走势研判

我国经济发展面临需求收缩、供给冲击、预期转弱三重压力。同时，国际环境有更加复杂严峻的趋势，国内有持续的散发疫情，供给和需求面临诸多约束。2022年，需求的扩张速度将进一步放缓，其中消费趋于改善但程度有限，投资仍注重结构优化，出口逐季下行但全年为正。供给侧的约束可能持续存在，供需缺口“再平衡”仍面临多重阻碍。

疫情以来的经济恢复阶段，消费在“三驾马车”中恢复进度较为缓慢，当前消费同比增速仍未恢复至疫情前水平。国内散发疫情增多，导致餐饮收入持续低迷，两年平均增速延续负增长。消费意愿弱、就业预期不稳定或是制约消费的主要因素。2022年，消费恢复仍将受制于此。

房地产投资可能持续放缓，制造业投资贡献为正，基建投资保持平稳。随着疫情后的积压需求基本得到释放、叠加相关政策收紧，房地产基本面自2021年中起大幅走弱，2022年房地产投资走弱可能仍会持续。基建增速有望保持平稳，节奏则取决于经济基本面的变化。预计技改需求和下游修复将对制造业投资形成向上支撑，增速可能会有所放缓。

在2021年高基数的背景下，2022年出口增速大概率会出现前高后低走势，预计出口增速在下半年有所回落。从2021年下半年的数据看，中国出口量的增速剔除价格因素后已经出现放缓。

CPI可能温和回升，同比整体前低后高。预计2022年中猪肉价格达到本轮下行周期的底部，全年猪价呈现前低后高的走势。PPI同比大概率处于低位，预计二季度PPI同比快速下滑，在下半年转负。

二、2022年GDP增长的分情景预测

从跨周期调节的思路出发，考虑三年平均增长率，得到2022年GDP实际增速水平在4.9%和6.3%之间。结合通胀和实际GDP等因素的判断，预计GDP增速为5.5%，走势为一季度较低、二季度企稳，三、四季度较高。分情景预测如下：

（一）乐观情景下GDP增速预计5.5%—5.8%

乐观假设下，经济增长面临的有利因素较多，预计2022年GDP增速将在5.5%到5.8%的区间。随着国内加强针接种大幅推进，防疫措施逐步放松的情况下，消费有望明显反弹，尤其服务类消费和国内旅游。其中，服务类消费的反弹可能会更为明显（餐饮、旅游、线下娱乐等），目前偏高的预防性储蓄率有望下降。房地产政策将会大致平稳，2022年初可能进一步边际放松。加之房地产库存水平相对较低，且上游行业供需平衡较为紧张，产能利用率处于高位，这些因素都有助于舒缓房地产活动的下跌幅度和溢出影响。当前，“百年未有之大变局”加速变化，在外部限制持续的情况下，国内可能会进一步加强产业链供应链的自主可控，这将支撑制造业投资。在疫情缓和、货币政策尚未大幅退潮的窗口期，预计2022年中国出口仍将保持高增长，中间品、资本品和消费品出口仍有支撑。

（二）中性情景下GDP增速预计5.2%—5.5%

中性假设下，2022年GDP增速可能达到5.2%—5.5%。疫情扰动是影响2021年消费走向的核心变量，零售消费和服务业增速跟随疫情变化的起起落

落十分显著。2022年疫情对消费影响的持续时间存在不确定性。2022年地产投资下行压力大概率大于2018年，地产投资增速可能出现负增长。短期出口有支撑，但在全球供应链恢复过程中出口或逐渐向前期平台回归。

（三）保守情景下GDP增速预计4.9%—5.2%

基于不确定性扩大，新型冠状病毒的变异迅速，疫情在全球范围内仍有反复，国内疫情可能局部反弹，中美在科技等领域的风险激化、对风险偏好的潜在冲击，猪油共振导致通胀预期、供应链和能源及劳动力供需矛盾等问题持续恶化，造成超预期全球通胀持续。综合上述悲观条件，保守分析2022年GDP增速可能为4.9%—5.2%。疫情形势仍不明朗，疫情反复可能会对消费意愿和消费偏好带来持续性改变，消费复苏缓慢。从全球产业链来观察，预计东南亚的产能修复后，对我国出口存在平行替代的关系。

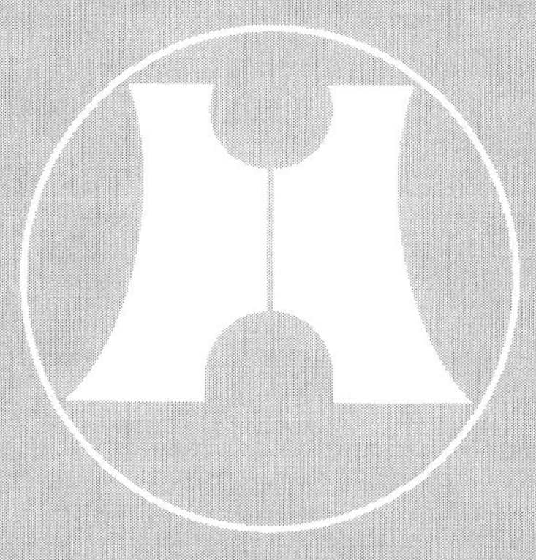

分报告二：居民消费呈现恢复性增长，稳中向好仍需改革推动

执笔：王志刚

一、2021年消费运行基本特征：呈现恢复性增长

（一）消费重回经济增长主贡献者地位，外需持续超预期增长

初步核算[①]，2021年全年国内生产总值（GDP）为1143670亿元。如图1，从增长的贡献结构看，2021年，最终消费支出、资本形成总额、货物和服务净出口分别拉动经济增长5.3个、1.1个、1.7个百分点，对经济增长的贡献率分别为65.4%、13.7%、20.9%，内需依然是经济增长的主要贡献者。不难看出，消费重回经济增长主要贡献者的位置，对经济增长贡献率超过了2019年的水平；2021年出口增长表现突出，全年出口217348亿元，增长21.2%，达到了近十五年来的最高点；资本形成总额带动作用是近十年的最低点，对经济增长贡献率不到2019年的一半，是近三十年来的最低点，全年全国固定资产投资（不含农户）544547亿元，比上年增长4.9%，两年平均增长3.9%，低于2019年0.5个百分点，投资增速延续了2008年以来的下滑趋势。

① 如无特别说明，本文数据均来自统计局网站发布的数据。

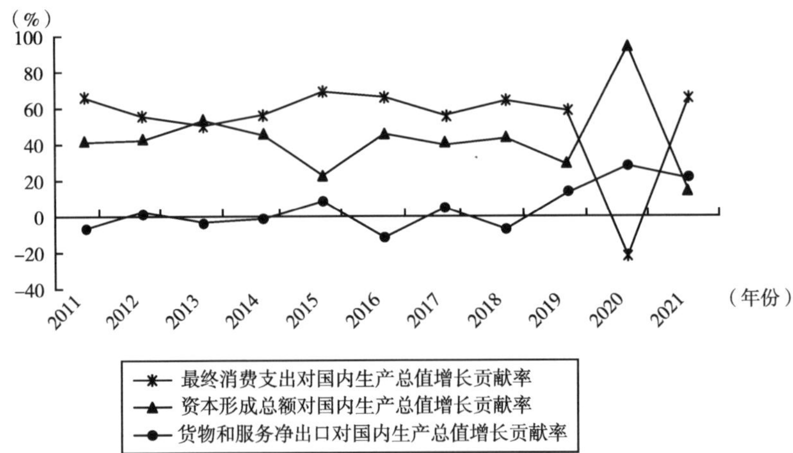

图1 最终消费、资本形成、净出口对国内生产总值增长的贡献率

数据来源：国家统计局网站。

（二）居民消费总体回暖，但居民消费率仍然没有恢复到疫情前水平

经济增长带来就业和收入增长，收入增长有利于支撑消费增长。经济平稳增长为就业提供了重要基础，2021年全年城镇新增就业1269万人，比上年增加83万人，全年城镇调查失业率均值为5.1%，低于5.5%左右的宏观调控目标。其中，2021年末全国农民工规模达到29251万人，比上年末增加691万人，已恢复至2019年同期水平；高校毕业生就业形势总体稳定，6、7月份，由于高校毕业生集中求职，16—24岁青年失业率明显上升，9月份以后青年失业率逐步下降。12月份，16—24岁青年失业率为14.3%，与上月持平。

从收入数据看，2021年，全国居民人均可支配收入35128元，比上年名义增长9.1%，扣除价格因素，实际增长8.1%；比2019年增长14.3%①，两年平均增长6.9%，扣除价格因素，两年平均实际增长5.1%。2021年，

① 以下如无特别说明，均为同比名义增速。

全国居民人均消费支出24100元，比上年名义增长13.6%，扣除价格因素影响，实际增长12.6%；比2019年增长11.8%，两年平均增长5.7%，扣除价格因素，两年平均实际增长4.0%。有一个现象值得关注，和前两年不同，无论名义值或实际值，剔除价格因素后，从2021年开始，对应四个季度的居民人均消费支出累计增长速度均超过人均可支配收入增长速度（图2），主要原因是低基数效应，毕竟2020年消费支出四个季度均为负增长，收入在第四季度才实现正增长。从社会消费品零售总额看，2021年社会消费品零售总额44.1万亿元，比上年增长12.5%，比2019年增长8%；分季度看，一季度和四季度社会消费品零售总额均超过11万亿元。其中，四季度在国庆假期、“双十一”电商促销等因素带动下，当季社会消费品零售总额达到12.3万亿元。

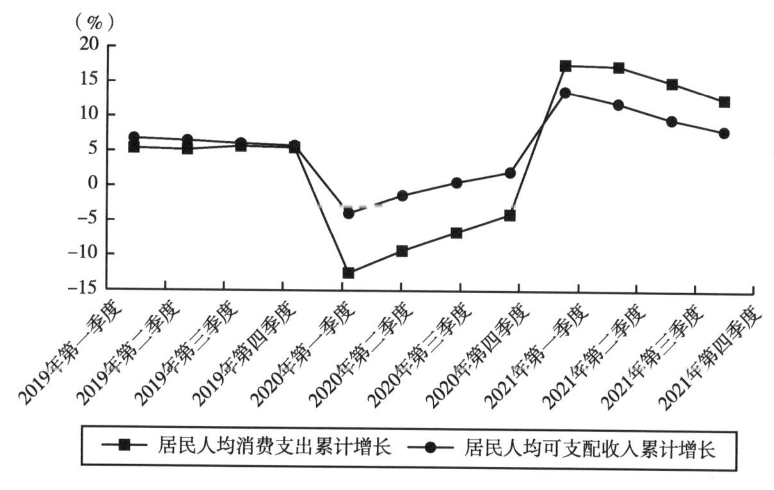

图2　居民人均可支配收入和人均消费累计实际增长

数据来源：国家统计局网站。

分析表明，相比2020年经济断崖式下跌，2021年在各类宏观政策的有效带动下，中国经济持续恢复，居民人均可支配收入和人均消费支出均已超过2019年水平（图3），但是居民消费率仍然没有恢复到2019年水平，居民消费率为68.6%，延续了之前持续降低的趋势。结合相关经济理论和现实数据分析，我们认为影响消费的主要因素包括下面几个方面：

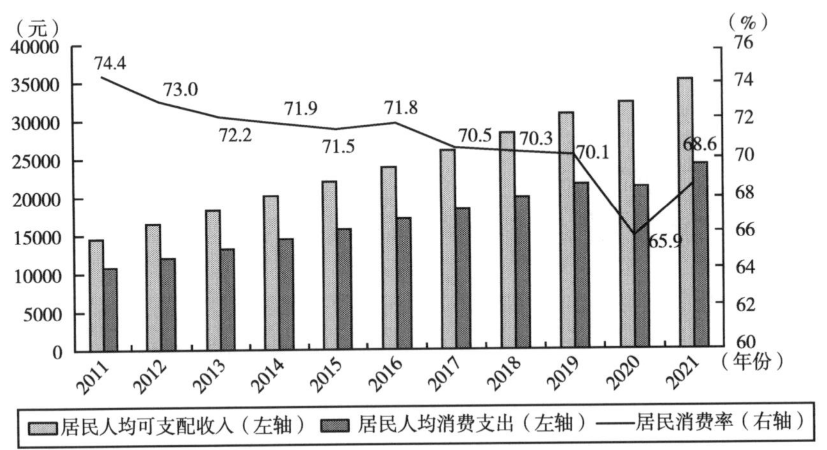

图3　全国居民人均可支配收入、人均消费支出和消费率

数据来源：国家统计局网站。

一是收入水平以及收入差距。中位数和平均数的差距越大，表明不同个体之间的收入差距越大，中位数大于平均数表明多数人收入在平均值之上，反之则表明多数人收入在平均值以下。据统计，2021年，全国居民人均可支配收入中位数29975元，增长8.8%，中位数是平均数的85.3%，低于2020年的85.6%以及2019年的86.3%；2021年，城镇居民人均可支配收入中位数43504元，增长7.7%，中位数是平均数的91.8%，低于2020年的92.1%和2019年的92.6%；2021年农村居民人均可支配收入中位数16902元，增长11.2%，中位数是平均数的89.3%，高于2020年的88.7%，但低于2019年的89.8%。分析表明中国总体上居民收入差距有所缩小，大部分居民收入仍然在均值以下；农村居民收入差距有所扩大，城镇居民收入差距有所减少。此外，疫情冲击对不同收入组影响不同，疫情冲击下不同收入组的收入差距会扩大，尽管中低收入组具有较高的边际消费倾向，但是收入增量远不如高收入组，以2020年为例，高收入组人均可支配收入增量是低收入组人均可支配收入增量的7.56倍（图4），因此只要疫情加重，收入差距进而消费差距就会扩大。2021年出现了一个好的迹象，中低收入组居民家庭收入增长快于总体，2021年人均可支配收入最低的40%，即20%的低收入组和20%中间偏下收入组的居民家庭人均可支配收入比上年增长9.8%，20%的中间收入组居民家庭人均可支配收入增长10.7%，二者分别快于全国平均增速0.7个、1.6个百分点。

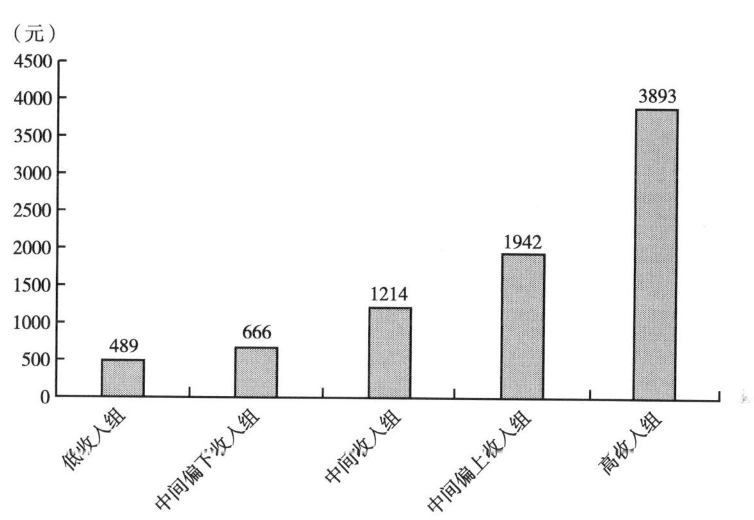

图4　2020年不同收入组的人均可支配收入增量

数据来源：国家统计局网站。

二是预期不确定导致预防性储蓄动机增强。根据央行2021年第四季度城镇居民储户调查问卷显示，倾向于“更多消费”的居民占24.7%，比上季增加0.6个百分点；倾向于“更多储蓄”的居民占51.8%，比上季增加1.0个百分点（图5），这背后反映出未来影响居民消费增长的各类预期不稳定。

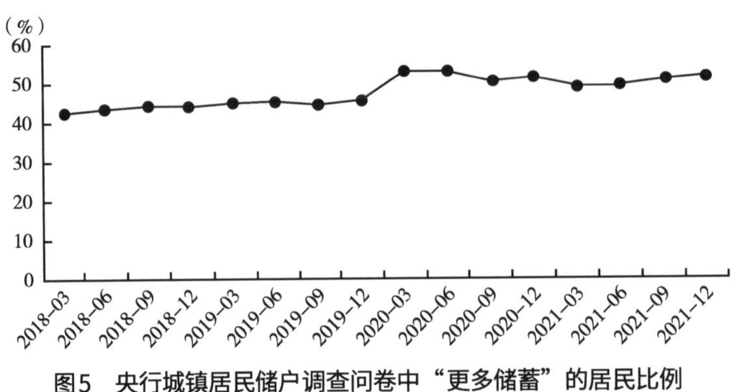

图5　央行城镇居民储户调查问卷中“更多储蓄”的居民比例

数据来源：Wind数据库。

三是居民家庭杠杆率因素。居民部门的杠杆率高企是近年来的突出现象，据社科院国家金融发展实验室[①]统计，截至2021年6月，我国居民宏观杠杆率水平为62%，略低于2020年四季度数值（近四年的最高点），杠杆率的持续上升客观上导致消费支出的刚性约束增强，抑制了居民消费能力扩大。

（三）CPI呈现前低后高的态势，PPI和CPI间的剪刀差有所缩小

如图6，整体来说，CPI月度同比趋于稳定，整体波动范围位于–0.3至2.3的合理区间，总体平稳。2021年，CPI温和上涨0.9%，涨幅比上年回落1.6个百分点。扣除食品和能源价格的核心CPI保持稳定，全年上涨0.8%，涨幅与上年相同。

PPI月度同比涨幅呈现冲高回落走势，输入性通胀、能耗双控和运动式减碳导致供应偏紧，推动国内PPI涨幅至高位。2021年国际大宗商品需求恢复快于供给，国际流动性宽裕以及能源结构转型等因素推动了PPI上涨，国际市场原油、有色金属、天然气等价格走高，推升国内相关行业出厂价格，继续带动PPI上扬。PPI上涨使得上游企业和中下游企业营业收入开始

① http://114.115.232.154:8080/。

分化，上游企业利润上升，而中下游企业，尤其中小微企业成本压力骤然增加。针对这种经济失序风险，中央随即着手动态优化政策，先后出台一揽子保供稳价政策，从四季度开始，煤炭、金属等能源和原材料价格快速上涨势头初步得到遏制，PPI涨幅有所回落。PPI大幅上涨但并未完全传导到CPI上，这部分反映出供给不足以及需求疲软并存，因此全面通胀并未出现。

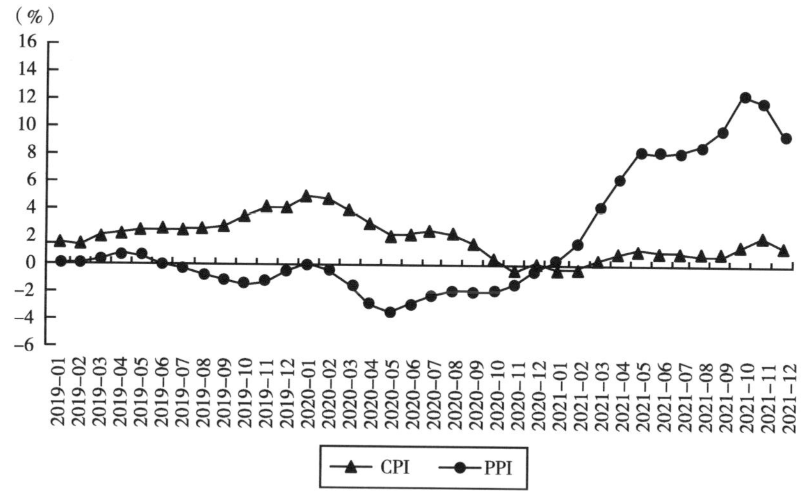

图6　2019年1月到2021年12月CPI和PPI同比增速

数据来源：国家统计局网站。

二、2021年消费结构变化及其原因

（一）必选消费恢复快于可选消费，消费升级趋势恢复但未达疫情前水平

按照消费特点将居民消费分为两大类，一类是代表“消费升级”的交通通信、文教娱乐、医疗保健、居住等消费，这些多数是服务类支出，受疫情影响显著，多数为可选消费，也就是收入需求弹性大；另一类代表“基础需求”的食品、衣着、家庭设备及用品等消费，多数为必选消费，也就是收入需求弹性小。

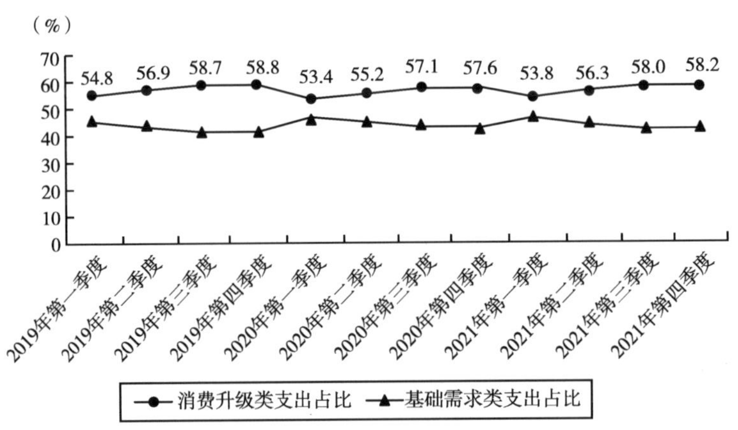

图7　消费升级类和基础需求类占比

数据来源：国家统计局网站。

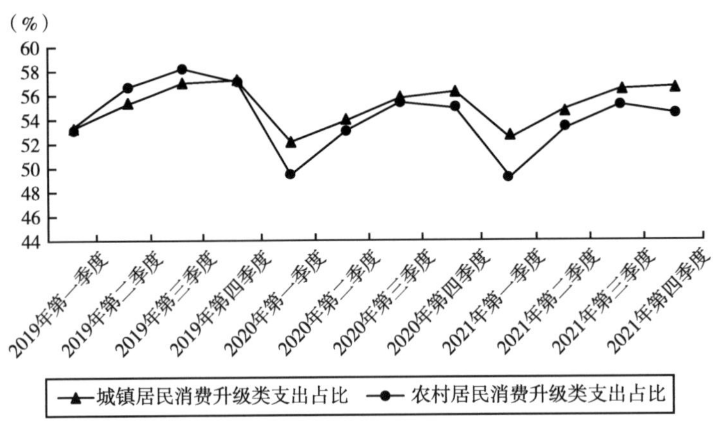

图8　城镇居民和农村居民消费升级类支出占比

数据来源：国家统计局网站。

如图7，分析发现，2021年各个季度的消费升级类支出占比均高于2020年，但是均低于2019年，表明消费升级趋势恢复，但是仍未完全达到疫情前水平。此外，如图8，城乡居民消费升级类支出占比存在显著差距，均未达到2019年水平；自2020年起，城镇居民消费升级类支出占比超过农村，而且2021年第四季度农村居民消费升级类占比有所降低，二者差距有所扩大。

（二）线上消费保持较快增长，持续成为消费的热点

线上消费快速增长是近年来消费的突出特点，尤其是新冠疫情加速了数字化转型步伐，线上消费具有无接触服务的便利，线上消费对线下消费的替代效应明显。据统计，2019—2021年，全国网上零售额分别为106324亿元、117601亿元、130884亿元，增速分别为16.5%、10.9%、14.1%，网上零售保持恢复性增长态势。网上零售额占社会消费品零售总额的比重分别为20.7%、24.9%、24.5%，2021年比重略有降低，部分原因是疫情防控带来的线下市场恢复性增长以及2020年网上零售额高基数所致。

2021年，全国网上零售额中实物商品网上零售额108042亿元，占网上零售额的比例为82.5%，占社会消费品零售总额的比重为24.5%；在实物商品网上零售额中，吃类、穿类和用类商品分别增长17.8%、8.3%和12.5%。如图9，从月度累计支出同比增速数据看，2021年2月开始，吃、穿、用类网络零售累计同比增速均出现下降趋势，受疫情控制人员流动影响，穿类销售额下降态势更为显著。

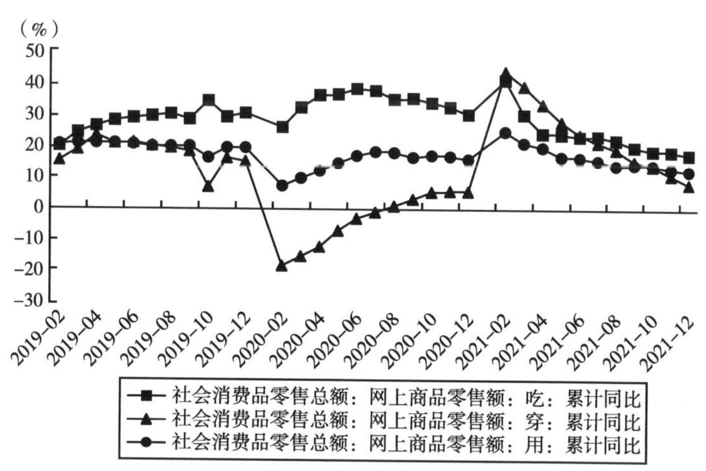

图9 吃、穿、用类网上商品零售额累计同比增速

数据来源：国家统计局网站。

（三）汽车消费产销双双恢复正增长，新能源车产销是亮点

据中国汽车工业协会统计，2021年汽车产销同比呈现增长，结束了2018年以来连续三年的下降局面，汽车产销总量连续十三年稳居全球第一。2021年汽车生产达到了2608.2万辆，同比增长3.4%，汽车销售达到2627.5万辆，同比增长3.8%。汽车出口表现更为显著，全年出口201.5万辆，累计同比增长为101.1%，年度出口首次超过200万辆，实现了多年来一直徘徊在100万辆左右的突破，这也得益于中国完整的产业链供应链体系。

新能源汽车成为汽车市场的最大亮点，全年生产354.5万辆，同比累计增长157.5%，全年销量超过352.1万辆，市场占有率提升至13.4%，进一步说明了新能源汽车市场已经从政策驱动转向市场拉动。中国品牌汽车受新能源、出口市场向好带来的拉动作用，国内市场份额已超过44%，接近历史最好水平。需要关注的是芯片短缺问题如果不能得到彻底解决，那么未来汽车市场增长仍然会有一定的制约。

（四）农村居民收支增速高于城镇居民，城乡居民消费率持续分化

分城乡看，2021年城镇居民人均可支配收入47412元，增长8.2%，扣除价格因素，实际增长7.1%；农村居民人均可支配收入18931元，增长10.5%，扣除价格因素，实际增长9.7%。2021年城镇居民人均消费支出30307元，增长12.2%，扣除价格因素，实际增长11.1%；农村居民人均消费支出15916元，增长16.1%，扣除价格因素，实际增长15.3%。

如图10，分析发现，农村居民收入和消费增速均高于城镇居民，城镇、农村居民收入和消费变化与全国居民收入和消费趋势基本一致，但是农村居

民消费率持续高于城镇消费率，城乡居民消费率差距有所扩大，这也反映了这些年消费下沉的基本趋势，未来乡村振兴战略实施会进一步夯实农村消费基础。如图11，从年度看，虽然城乡居民人均可支配收入和人均消费支出绝对差距仍然在扩大，但是城乡居民人均可支配收入倍数（自2007年起）和人均消费支出倍数（自2003年起）有下降趋势，收入倍数和消费支出倍数的比值在扩大，从另一个侧面反映出农村居民消费率增长快于城镇。

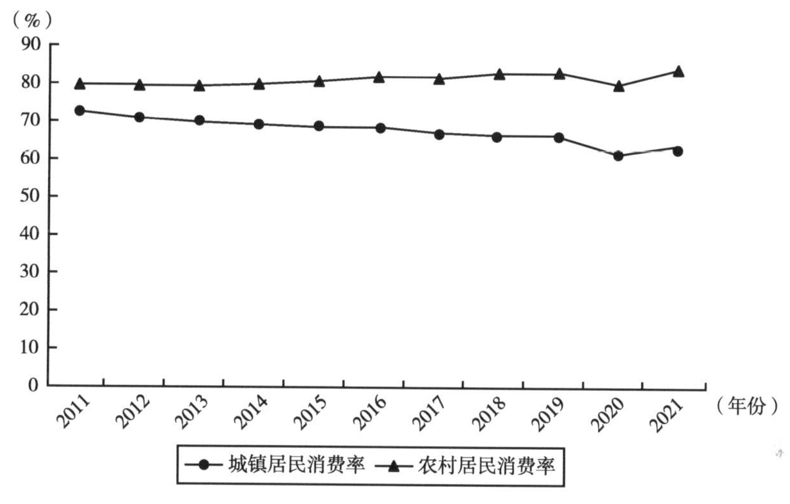

图10　城镇居民和农村居民消费率

数据来源：国家统计局网站。

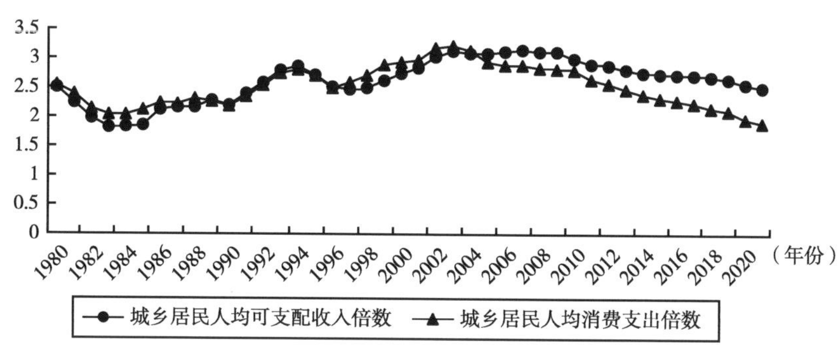

图11　城乡居民人均可支配收入倍数、人均消费支出倍数（1980—2021年）

数据来源：国家统计局网站。

三、未来消费走势展望及政策建议

世界银行最新一期《全球经济展望》报告指出，由于新冠病毒变异株造成新的威胁，再加上通胀、债务和收入不平等加剧，可能危及新兴市场和发展中经济体的复苏，全球增长正进入一个明显放缓的时期。随着前一阶段被压抑需求的释放完成以及各国财政和货币支持政策的退出，预计全球经济增长将显著放缓，从2021年的5.5%降至2022年的4.1%，2023年进一步下降至3.2%。这意味着中国未来的出口需求会受到一定的不利影响，国内内需收缩压力如果不能得到有效解决，2022年中国经济增长有一定的承压。因此，2022年中国经济工作要坚持稳中求进的总基调，实现宏观政策的逆周期、跨周期调节的有机结合，以及财政货币政策的协调联动，以政策的确定性促进形成稳定的收入与消费预期。

（一）内需扩大战略和短期促消费政策将为消费注入新动力

近日国家发改委《关于做好近期促进消费工作的通知》，涉及节日消费、节庆消费、县域乡村消费、冰雪消费、文旅休闲服务、智慧零售、绿色消费、住房消费、中小微企业纾困、困难群众等群体基本生活消费，这些政策既有阶段性政策，也有长期性改革，有供给侧亦有需求侧，顺应内需扩大战略和扩大居民消费所需。预计未来政府相关部门会制定一系列财税、货币等支持性政策，稳定居民基本生活消费，降低居民的不确定性预期，不断释放居民消费潜力。差异化的消费促进政策将从不同层面上扩大各类消费，必将对2022年一季度消费稳定起到积极作用，我们预计2022年居民消费大概率会呈现出“前低后高”特点，消费升级的步伐会加快，消费业态将延续多元化态势，服务类消费会不断增长。

（二）要警惕新冠疫情反复对消费的非对称冲击，应关注重点服务行业人群

各国疫情防控成效不一带来对全球供应链的非对称冲击，进而进一步影响全球大宗商品的价格，导致部分商品价格的上升。2021年“双11”购物节集中消费阶段并没有出现预期的爆发式增长，与老百姓在疫情期间消费预期降低有一定关联，当前新冠疫情仍未结束，国内最近多地散点出现了奥密克戎变异株感染，传播速度快，未来应高度关注疫情的区域和人群分布特点，精准高效防控，尽量减少对2022年一季度经济正常活动带来的不利影响。

回顾过去几年的抗疫过程，不难发现，新冠疫情冲击较大的行业包括交通运输、仓储业和邮政业、文化娱乐、住宿和餐饮业、酒店业、旅游业、房地产业和建筑业等劳动密集型产业，这些服务类行业的人员接触性特征显著，经济活动不易进行线上替代，一旦有人员感染容易通过人群网络扩散，因此应加强对此类行业就业人员的疫情防护要求，财政可以给予一定的资金支持，做好心理疏导和物资保障工作，最大限度减少疫情扩散风险，同时政府要做好就业和社会保障工作，避免疫情带来的局部失业问题，尽可能降低疫情冲击对中低收入群体带来的消费收缩。

（三）继续实施就业优先的宏观政策，稳定就业才能稳定收入和消费

据人社部最近统计，2022届高校毕业生规模预计1076万人，同比增加167万人，这是高校毕业生规模首次超千万，也是近几年增长人数最多的一年，叠加大规模的农民工群体，2022年就业形势十分严峻，需要及早研究制定稳定就业的一揽子宏观政策组合。

一是针对高校毕业生、农民工等重点群体的援企稳岗帮扶政策应延续，要把这些政策重点放在培养提升就业群体的能力建设上，完善创业导师制度，加大对大学生就业辅导；推广适应数字经济发展所需的数字素养培训项目，对农民工失业群体发放技能培训券，由认证的第三方培训机构进行培训，根据培训绩效去财政申领资金。

二是加大对就业容量大的中小微企业、民营企业的减税降费政策和融资担保费率下调政策，加大定向再贷款等结构性货币政策支持，同时政府要做好营商环境，稳定民营经济的发展，作为就业最大载体的民营经济稳定有利于稳定就业。

三是鼓励新型就业模式。数字经济发展促进了网络直播、外卖骑手、共享司机等多种灵活就业模式，有的就业不在现有就业统计之列，未来可以完善对他们的就业统计与社会保障工作，鼓励各种形式的社会保险参保计划，让他们能有一个稳定的社会保障预期。

（四）共同富裕下的分配改革预期，有望从根本上提振消费信心

贫富分化无法促进内需扩大，中国的中等收入群体有限，尚未形成橄榄型社会，中低收入阶层的收入无法支撑其较高的边际消费倾向，2021年中央提出共同富裕的远景目标，未来将逐步推出系统性改革，分配并非唯一但依然是影响居民消费的重要改革领域，这有望从根本上扭转居民消费疲软局面。

当前共同富裕面临的一个挑战就是城乡居民贫富差距问题，城乡居民贫富差距原因有很多，一些方面需要引起重视：城乡分置的土地市场让农民丧失财产性收入增长的渠道，大量闲置的宅基地无法释放其潜在价值。农村居民的金融资产缺乏且理财技能不足，使得金融市场可能成为收入差距的放大器，收入差距扩大又会导致财富差距的扩大，收入—财富会形成互动反馈导

致两极分化局面。

共同富裕是一个长期过程，需要系统的政策体系来支撑，其中分配政策重要但并不唯一，要有良好的分配改革预期，也就是有一个好的激励约束机制，其关键是形成人人参与、人人努力、人人共享的局面，充分调动人民的积极性，通过增加公共消费等消费活动来提高人们的人力资本，进而不断提升自己的劳动生产率，创造出更多的财富，为收入分配夯实物质基础。在做大蛋糕的基础上，通过税收、转移支付、社会保障等政策工具进行再分配，降低人群间的收入差距，实现提底扩中限高的目标，需要注意的是政策不能扭曲对人们创新创业的积极性，西方福利国家的教训不能不警惕。在收入差距缩小的基础上，不断改善政府监管手段，运用大数据等现代监管技术，促进形成良好的消费生态，让人们有能力扩大消费，同时坚持推动国内供给侧结构性改革，不断改善产品与服务质量，通过线上线下两个渠道来更好满足人们消费升级的强烈需求。

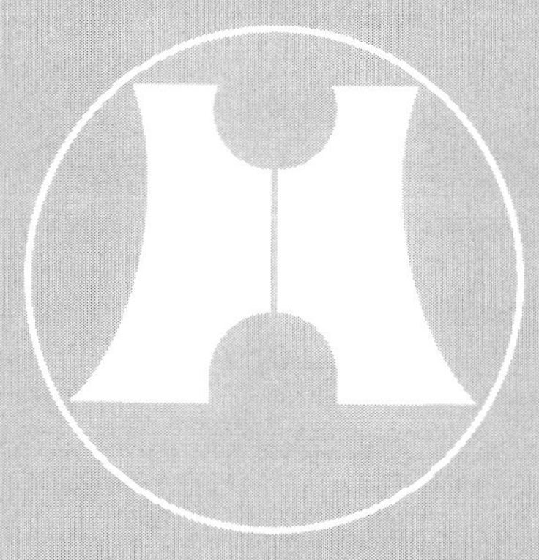

分报告三：制造业投资持续回升，结构性变化显著

执笔：苏京春

一、2021年制造业投资持续回升，预计2022年延续回升态势

2021年，制造业投资呈较好的回升态势。制造业固定资产投资完成额累计同比增13.5%，较全社会投资增速高8.6个百分点（图1）。剔除基数效应，做两年平均后，增长5.7%，较1—6月份（两年均值3.8%）加快1.9个百分点。其中，高技术领域投资保持快速增长，电子设备、医药行业投资两年平均增长17.1%和18.0%，对制造业整体投资增长起到一定的引领作用。从趋势上观察，2021年以来制造业投资增幅一直高于整个固定资产投资增幅，下降趋势也较整个固定资产投资更慢、更趋平缓，意味着制造业投资持续回升的态势得以保持，2022年预计得以持续。

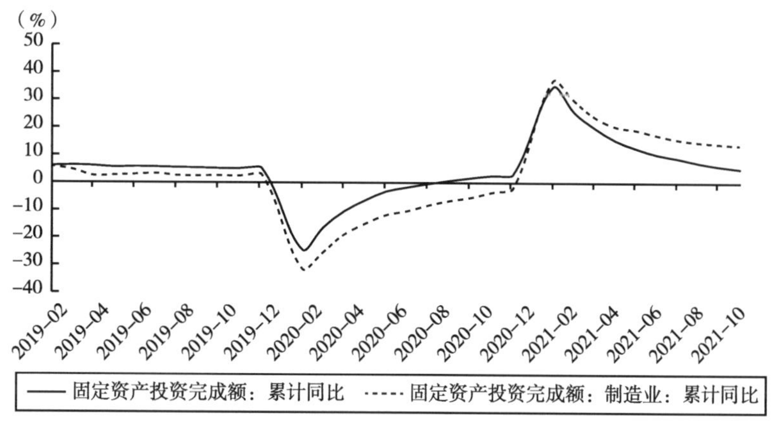

图1　全社会和制造业投资增速走势

数据来源：Wind数据库。

制造业投资的回暖源于我国长期向好的基本面、大宗商品涨价和政策降成本带来的企业盈利快速修复。新冠疫情全球蔓延以来，我国疫情防控工作成绩突出，工业生产得以迅速恢复，疫情防控的相对优势和完备的产业链使得我国出口供应世界。同时，国内需求也在复苏进程中。在内外循环通畅的背景下，我国经济基本面长期向好，成为制造业投资恢复的基础。企业盈利修复也加速了制造业投资的回暖。1—11月份，全国规模以上工业企业实现利润总额79750.1亿元，同比增长38%，比2019年1—9月份增长41.3%，两年平均增长18.9%。实际上，进入2019年以来，工业企业盈利便长期处于负值区间，2020年初的疫情冲击更是加剧了这一态势。但随着经济的恢复，规模以上工业企业利润总额累计同比在2020年11月转正（达2.4%）。2021年以来，企业利润数据表明工业企业整体盈利修复已经基本完成。

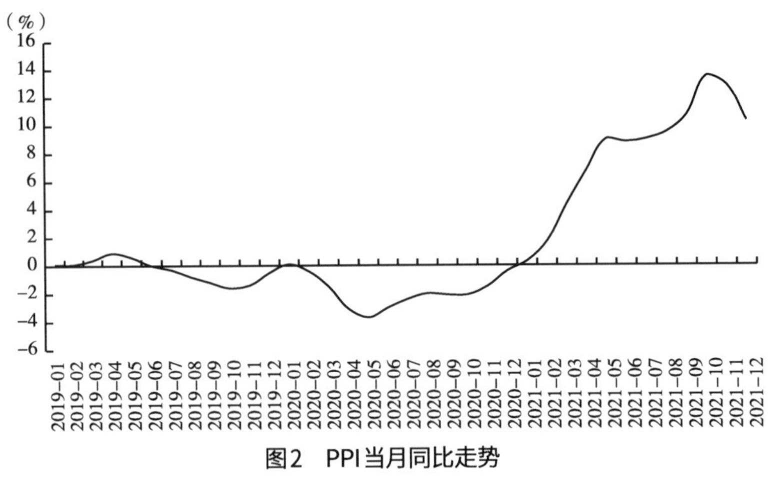

图2　PPI当月同比走势

数据来源：Wind数据库。

盈利修复的动能来自涨价带来的营收提高和政策利好下的成本压降两方面。2020年下半年以来，由于经济恢复带来的需求上扬、发达国家宽松政策的流动性外溢影响以及减碳行动的叠加作用，大宗商品价格持续上扬。如图2，12月PPI当月同比增10.3%，较上年同期高10.7个百分点。工业品涨价反映在工业企业效益上，可见1—11月工业企业营收增长20.3%，两年平均亦增10.2%。当然大宗商品涨价也会对整体成本有所加成，但得益于持续的减税降费政策，企业成本也被压降到了历史水平之下。如图3，1—11月，规模以上工业企业每百元营业收入中的成本为83.72元，虽较2021年2月份的低点有所提高，但仍较2020年同期低0.36元。

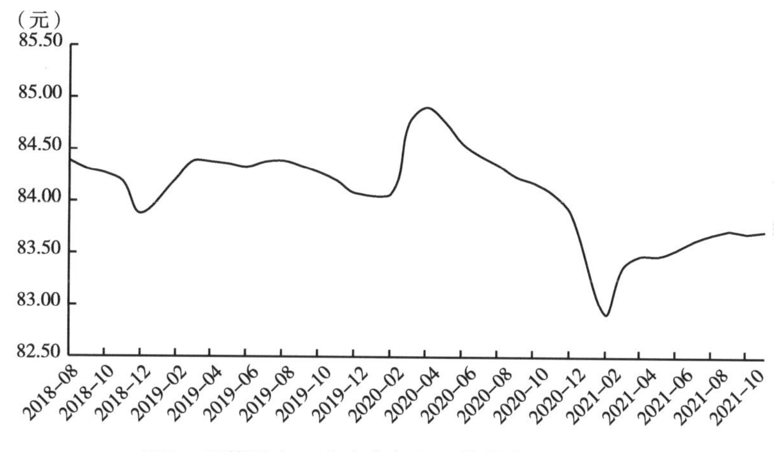

图3　规模以上工业企业每百元营业收入中的成本

数据来源：Wind数据库。

二、2021年制造业结构性变化显著，2022年主要工业行业预计全面向好，仍需注意成本价格因素导致的分化

制造业整体恢复良好的同时，也出现了较为显著的结构性变化。

一是生产端全年先是受疫情、限产政策及缺芯等因素影响，部分行业生产回落，后又整体得以缓解。如图4，基于能源消耗总量和强度约束的限产政策一度使黑色金属制造业增速连续5个月负增，但这一状况在12月得以扭转，黑色金属负增仅为1.5%；汽车制造业由于作为汽车芯片主产能地的东南亚疫情反复，受缺芯影响，增加值当月同比增速曾一度跌至-7.9%，年底出现6个月负增以来首次转正，增速达到2.8%。考虑到翘尾因素、政策放宽以及投资手段纳入工具箱，预计主要工业行业全面向好态势有望得以保持。

二是企业盈利整体修复下分化趋势仍然较大。当前PPI高涨、CPI低迷，这一局面反映出下游中小企业面临的相对高成本和低需求困局，企业利润占比继续向上游倾斜。PPI走高、大宗商品价格上涨带来了2021年以来的工业整体盈利大幅修复，但由于价格在产业链的不均衡传导，工业企业盈利分化态势显著增强。上游大型企业议价能力强，工业材料价格攀升增大了上游企业利润空间，而下游企业在购进原材料时，承担了更高成本。加之国内终端需求不足，下游中小企业既要面临高企的原料成本，又难以获得更广的销售渠道，处境不佳，利润持续受到挤压。根据国家统计局发布的企业效益数据，前三季度，处于产业链上游的油气开采、有色、石油加工、化工、钢铁行业利润分别增长2.97倍、77.6%、70.8%、69.3%、42.6%，均实现快速增长，增速大幅高于或大体相当于工业整体利润增速（44.7%）。同时，消费品制造业利润同比增长9.7%，较工业整体利润增速低35个百分点。这一情况进入2022年后仍值得注意。

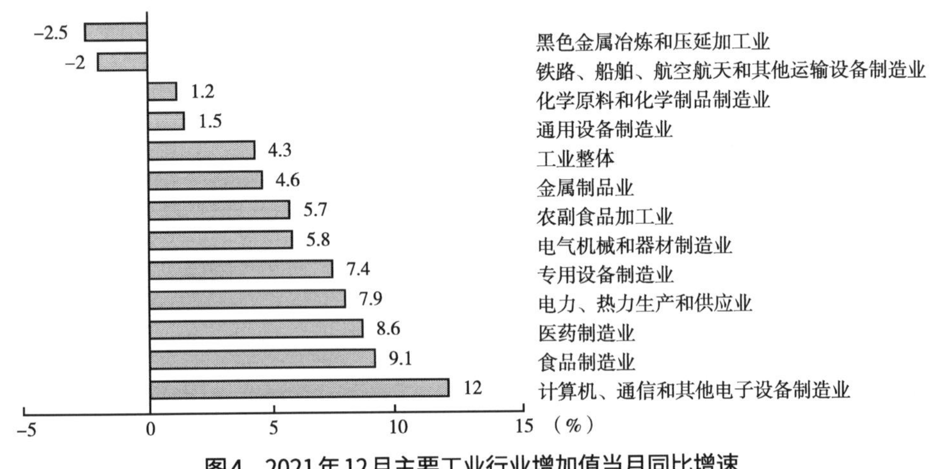

图4　2021年12月主要工业行业增加值当月同比增速

数据来源：Wind数据库。

三、景气指数触底反弹，出口正式转弱

如图5，景气指数调查方面，中国制造业PMI已经经历了连续7个月的环比下降，在9月份首次跌破50%荣枯线，10月份继续降至49.2%触底，11月终于重回荣枯线以上并于12月达到50.3%的水平。我国经济在疫情发生后快速复苏的一大原因在于出口的支撑，考虑到中国出口以电子设备、服装等日常耐用品为主，其需求弹性较小。这些商品经历一轮购买后，需求自然减弱。又加之发达国家疫情仍存，但宽松政策因通胀压力存在强度递减态势，其国内居民在获得一次性补贴后，持续消费减弱，对中国出口需求走低，这是年中制造业PMI走低的一大因素。此外，考虑到8—10月份我国发生的多轮局部疫情，对制造业生产预期亦有拖低作用。而进入到第四季度后，受到翘尾因素影响，以及中央经济工作会议一系列稳、保政策，景气指数得以稳定。虽然较2020年同期仍低1.6个百分点，但是这一趋势预计在2022年一季度得以持续。

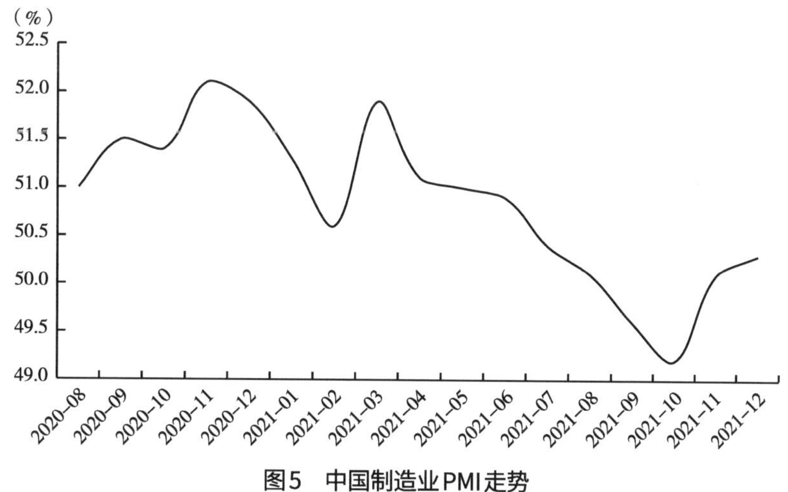

图5 中国制造业PMI走势

数据来源：Wind数据库。

PMI新出口订单、在手订单指数的走势也与出口转弱的拐点相呼应。2021年4月至9月，PMI新出口订单分项逐月环比下降，9月降至46.2%，下降速率较快（图6），10月虽小幅环比回升，但仍较大幅度地低于荣枯线。在手订单则指数连续4个月下降。PMI新出口订单显示出口动能并不强。此前8、9月份，出口相关PMI读数与当期的外贸数据存在一定背离，一定程度上是受当时台风封港后加快去库存等暂时性因素的影响。

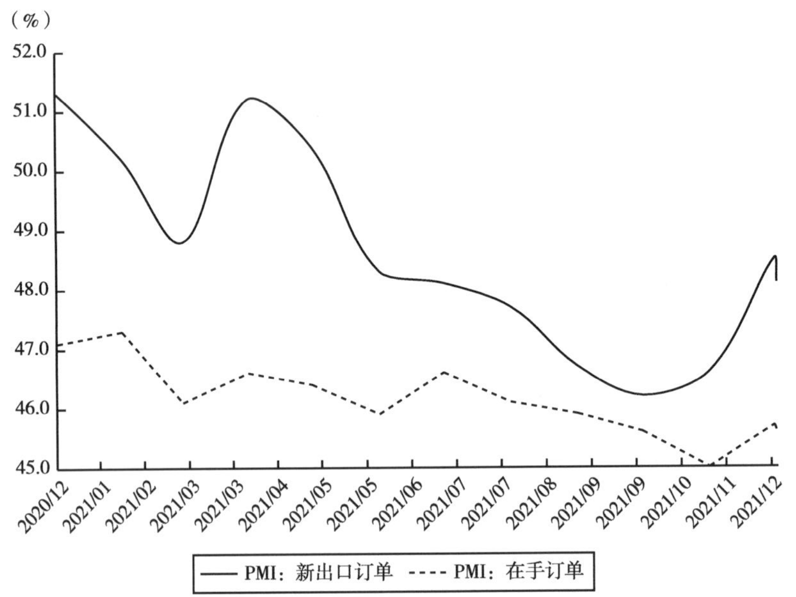

图6 中国制造业PMI新出口订单与在手订单分项走势

数据来源：Wind数据库。

形势逆转出现在10月份这一关键时点，当暂时性因素褪去，出口走弱态势开始在数据上显现。海关总署数据显示，10月份出口3002.2亿美元，环比增速-1.8%，同比增速27.1%，较上月低1个百分点；10月进口2156.8亿美元，环比增速-9.7%。10月份出口与进口金额双双环比负增，为3月以来首次出现的情况，体现了外需与内需同时边际走弱。实际上，我国出口动能的减弱是不可避免的。疫情反复下，全球经济尤其是发达国家经济重启仍在进程当中，其重启主要以服务性消费的服务为主，对中国出口的需求或将进一步减弱。出口已处于从高位回归常态的过程中，制造业下一阶段增长将受到一定负面影响。

值得注意的是，与疫情期间出口高峰相比，目前虽然新出口订单也表现出一定的触底反弹现象，但与2021年峰值仍差距较大，考虑到翘尾因素并拉长考虑24个月度，不难发现出口已经转弱，而这一情况预计在2022年还将持续。

分报告四：基建投资增速不及预期，2022 年增速有望回升

执笔：王宏利

一、基建投资持续低迷

2021年，按照中央要求，各地坚定实施扩大内需战略，着力扩大有效投资，固定资产投资稳定恢复，投资结构不断优化。固定资产投资的三个主要领域，基建投资、房地产投资和制造业投资，其中，制造业投资维持高增态势，房地产投资深度下跌，基建投资持续低迷。

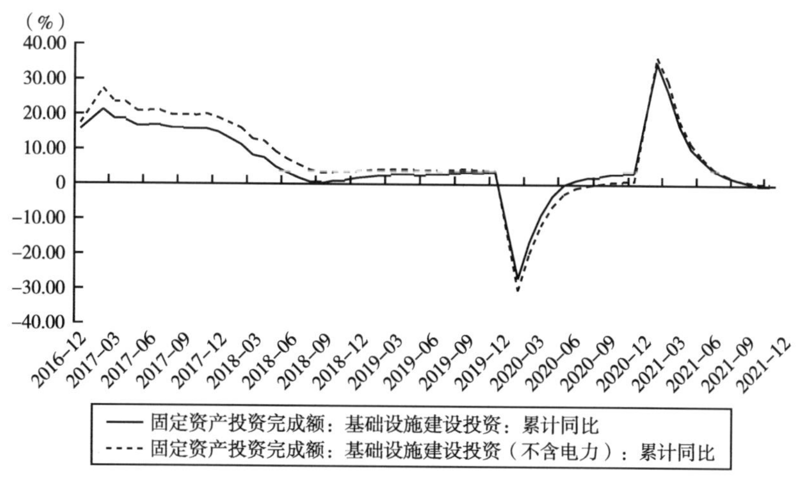

图1　基建投资完成额累计增速情况

数据来源：Wind数据库。

如图1、图2，1—12月份基础设施投资（不含电力、热力、燃气及水生产和供应业）同比增速回落至0.4%，增速比1—11月份下降0.1个百分点，回落幅度收窄，两年复合增速0.6%。1—12月份广义基建同比增速为0.21%，较1—11月份上升0.38个百分点，累计增速由负转正，两年复合增速1.8%。12月份总体来看，基建投资增速明显反弹，环比强于季节性。广义基建的主要三项电热燃水、交运仓邮和公共管理均有所反弹，广义基建表现比狭义基建更好，原因在于不包含在狭义基建中的电热燃水行业增速较快。12月份电热燃水投资同比增长7.8%，比11月上升9.3个百分点，两年平均增速13.0%，较前值上升7.9个百分点。交运仓邮投资同比增长7.0%，比11月提升16.4个百分点，两年平均增速1.0%，较前值提升5.3个百分点。公共管理投资同比增长-0.4%，比上月提升7.7个百分点，两年平均增速2.0%，较前值提升2.8个百分点。尽管12月基建投资显著反弹，但全年广义基建和狭义基建增速仅分别为0.2%和0.4%。

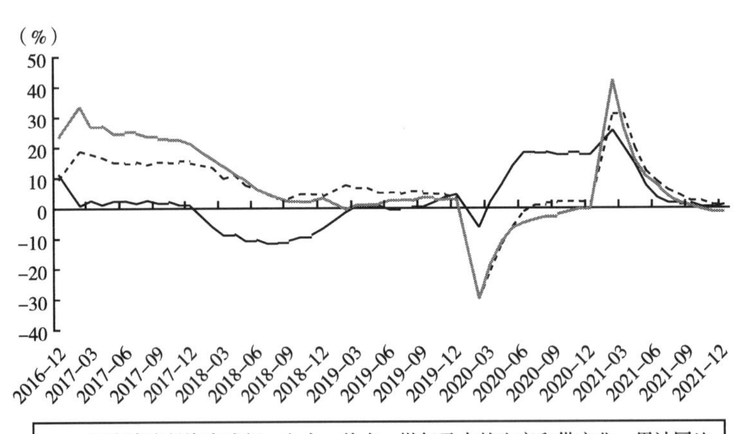

图2　基建投资重点领域累计增速情况

数据来源：Wind数据库。

二、多方面原因导致基建增速不及预期

2021年7月30日，中央政治局会议明确要求“推动2021年底和2022年初形成实物工作量”。然而，2021年基建投资实际状况并不如意，基建投资持续低迷主要有以下四点原因。

第一，基建相关财政支出占比缩减，整体来看财政支持力度偏弱。2021年各级政府勒紧腰带过日子，确保基本民生只增不减，财政支出继续向民生领域倾斜，基建相关（节能环保、城乡社区、农林水、交通运输）支出缩减。1—11月基建相关支出占总支出比重为23.3%，较上年同期下降1.4个百分点，相比2019年同期下降4个百分点。1—11月基建相关财政支出同比增速为-3.5%，较前值上升了0.6个百分点，两年平均增速为-6.2%，较前值回升了1.1个百分点。

第二，新增专项债发行进度偏慢，基建类投向占比亦略有降低。根据国家统计局公布数据，自筹资金是基础设施投资最主要的资金来源。2021年全年新增地方专项债合计发行3.58万亿元，基本与上年持平。从专项债券的发行进度来看，上半年仅发行27.8%，远低于上年同期水平。第三季度发行速度加快，完成总额度的近六五成，11月迎来全年发行峰值0.576亿元，整体呈逐月递增趋势。从专项债券的发行利率来看，伴随无风险利率的中枢下移，总体呈下降趋势。由于12月地方债的加权发行期限大幅缩短，加权票面利率仅为3.0%。从新增专项债投向结构来看，基建类投向规模1.74万亿元，占比65%，较2020年略有下降。棚改占比约为16.6%，社会事业占比约为8.7%。从基建领域各具体项目投向来看，民生服务、交通运输、市政和产业园区占比分别为40.9%、29.0%、19.1%，另有少数投向农林水利、冷链物流。

第三，地方政府隐性债务管控加强，抑制基建投资。目前主要形成以下

几种形式的隐性债务：政府及国企违规举债、不规范的政府投资基金、伪政府购买服务、伪PPP项目、地方政府在法定限额外直接举债。“十四五”规划明确提出“稳妥化解地方政府隐性债务”，各地方政府纷纷出台加强政府债务限额审查监督、加强债务风险管控、加强债券资金项目绩效的文件。防范化解地方政府债务风险是深化预算管理制度改革的重要内容，尤其是要坚决遏制地方政府隐性债务增量、妥善化解存量，提高政府债券资金使用绩效。清理地方融资平台公司，严禁违规融资，加强监督等管控机制，抑制了地方政府对基础设施投资，城投平台融资收紧。2021年1—10月，城投债净融资1.6亿元，较上年同期下降12.2%。

第四，缺乏优质项目，穿透式监管导致项目申报、审批更加严格。目前我国投资传统基础设施项目的边际效益降低，项目收益难以覆盖融资成本，尤其在2021年上游原材料价格上涨过快的情况下，局部出现“资金等项目”的现象，优质项目缺乏成为约束基建投资的主要原因之一。

三、2022年基建增速回升，全年走势前高后低

2022年经济更加突出稳增长的重要性，并且更加聚焦于一季度及上半年。1月10日国常会对专项债的资金使用和开年的发行情况表达敦促之意，旨在防范基建投资落地缓慢无法完成稳增长的任务。会议强调“把稳增长放在更加突出的位置”，以“放而不纵、执中恪守”为导向，“坚定实施扩大内需战略，坚持不搞‘大水漫灌’，有针对性扩大最终消费和有效投资”。此外，本次会议尤其指出稳增长政策发力时间段，强调“确保一季度和上半年经济平稳运行”。因此，一季度是重要的稳增长政策发力阶段，基建投资在其中作用进一步凸显。基建投资通常落后新增专项债发行一个季度，2021年四季度

的新增专项债本应在2022年一季度落地，但11月、12月基建投资并未回暖，不过自上而下的督促使得市场预期比较乐观。

2022年提前下达的第一批专项债额度达1.46万亿元，通知明确专项债重点投向交通基础设施、能源等九大领域，也公布了专项债禁止投向的负面清单，全国通用禁止楼堂馆所及高风险地区禁止民生以外项目等。债务压力相对较小的地区，下达专项债和重大项目就相对较多。目前近半数省级党政机关已完成换届，2022年新一届地方政府基建投资的意愿会增强，结合2021年下半年固定资产投资项目审批明显加快，主要集中在交通、能源行业，预计2022年一季度基建增速回升。但是受制于城投债紧缩、土地财政负增长和一般公共预算投向基建比例有限的影响，专项债独木难支，可能出现"项目等资金"的情景，全年基建走势前高后低。我们预计2022年前两个季度基建投资（全口径）累计同比增速分别为6.1%和6.9%，预计全年全口径基建投资同比增速6.0%。

四、新基建动能强但规模小，传统基建助力

2022年是新基建大年，主要形成三大范畴：电力系统（绿电、储能、特高压）、交通建筑（城轨交通、充电桩、加氢站、BIPV）、信息（数据中心、5G基站、工业互联网等）。虽然在双碳目标推动下，新基建发展动能强，但是体量上稳增长还是要靠老基建助力。

2022年能源转型进程加速，数字经济迅速发展，预计新基建全年增速达20%以上。能源构建适度超前的绿电体系，具体指"风、光、核、水"。根据碳达峰规划目标，风光设备作为新基建主力军，未来十年年均增速将达17.7%和16.1%。特高压新一轮建设周期即将开启，据国家电网的最新规划，

“十四五”期间加速电力系统转型，特高压工程总投资3800亿元，年均投资达到7.1%，并在2022年开工13条特高压线路。城轨交通将成为2022年稳增长的核心。“十四五”期间国家发改委批复的44个城市建设规划在实施的项目可研批复总投资达4.16万亿元，预计年均复合增速达到9.5%，从绝对增速上来看依然具备持续性，未来城轨交通有望成为主要发力点之一。充电桩未来将维持高景气度，边际动能有望持续提升。5G基站进入稳定发展通道，预计“十四五”期间将维持5%—8%的增速，景气度有望延续。数据中心建设在2022年将迎来大幅反转，“十四五”期间有望维持两位数高增长。

分报告五：房地产销售和开发投资持续回落后渐趋稳定

执笔：王宏利

一、2021年房地产市场总结与回顾

（一）全年房地产销售规模、开发投资持续回落

如图1，2021年商品房销售面积同比上涨1.9%，两年平均增长2.3%。其中，住宅销售面积同比上涨1.1%，办公楼销售面积同比上涨1.2%，商业营业用房销售面积同比下降2.6%。商品房销售额181930亿元，同比增长4.8%，两年复合增长6.7%。其中，住宅销售额同比上涨5.3%，办公楼销售额同比下降6.9%，商业营业用房销售额同比下降2.0%。2021年，全国房地产开发投资147602亿元，同比上涨4.4%，比2019年增长11.7%，两年平均增长5.7%。其中，住宅投资111173亿元，比上年增长6.4%。

分区域来看，市场分化继续加剧。2021年，东部地区商品房销售面积73248万平方米，同比上涨2.7%；销售额103317亿元，同比上涨8.0%。中部地区商品房销售面积51748万平方米，同比上涨5.4%；销售额38157亿元，增长6.4%。西部地区商品房销售面积47819万平方米，下降1.7%；销售额35241亿元，下降2.8%。东北地区商品房销售面积6618万平方米，同比下跌6.4%；销售额5215亿元，下降10.3%。2021年，东部地区房地产

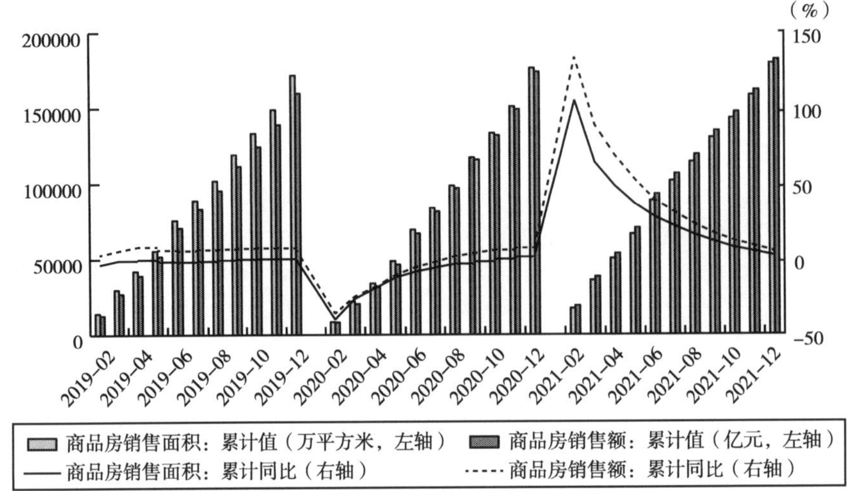

图1　房地产销售规模累计值及累计增速情况

数据来源：Wind数据库。

开发投资77695亿元，同比上涨4.2%；中部地区投资31161亿元，增长8.2%；西部地区投资33368亿元，增长2.2%；东北地区投资5378亿元，下降0.8%。

（二）建安投资回落，企业拿地疲弱

如图2，2021年房地产销售回落，房企拿地意愿疲弱。一是成交土地溢价率处于冰点，低迷的土地成交导致新开工负增长。二是拿地和开发变难。三道红线降杠杆，集中供地去库存。三道红线促使房企加快存量项目施工，集中供地加剧土储去化，新开工持续负增长，存量项目持续下行。三是信用收缩、现金流吃紧。银行房贷两集中制度对房企抽贷断贷，恒大事件加剧行业流动性风险，预售资金监管导致房企现金流压力激增。这种情况下，一些房企不拿地不开工不还债，进一步加剧地产投资下滑。

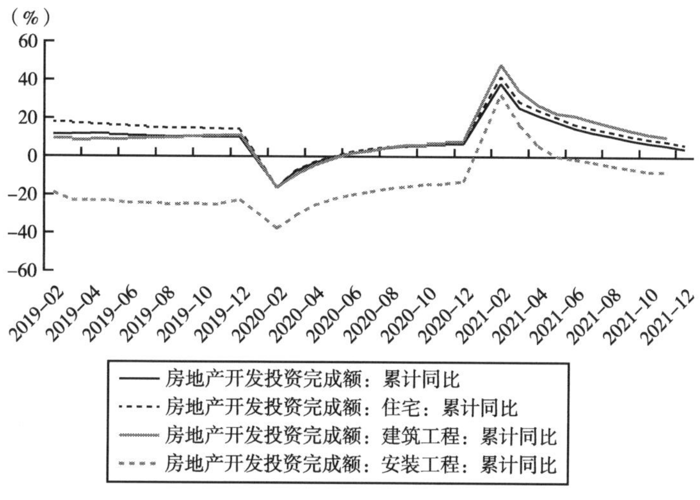

图2 房地产开发投资累计增速情况

数据来源：Wind数据库。

如图3，对比近两年来看，2021年前12月房屋施工面积累计达975387万平方米，已超过2019年与2020年底规模，同比增长5.2%，增速较上年上升2个百分点。

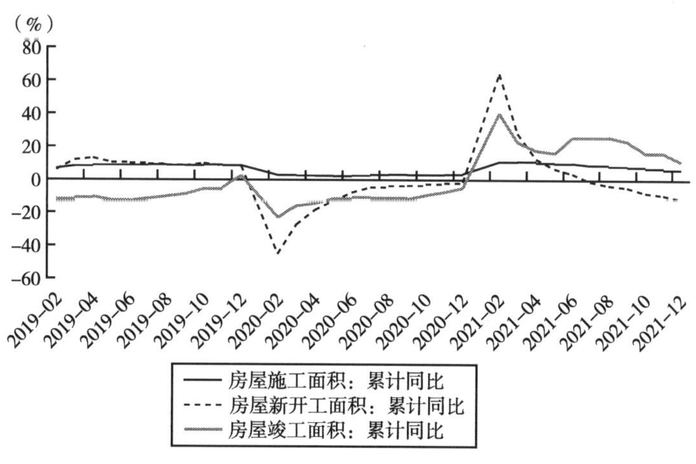

图3 房地产施工规模累计增速情况

数据来源：Wind数据库。

（三）土地流拍不再罕见，土地溢价率全年呈下跌趋势

如图4，据国家统计局数据显示，2021年，房地产开发企业土地购置面积21590万平方米，比上年下降15.5%，降幅比1—11月份扩大4.3个百分点，在整体规模上处于近二十年最低位。土地成交价款17756亿元，同比增长2.8%，增速比1—11月份降低1.7个百分点。尽管第三轮土地集中供应政策对资质要求和资本要求均有所放松，成交量和成交价仅表现出有限的上行趋势，总体仍低于调控前的同期水平，底价成交和流拍已不再罕见。2021年共有1298宗地块流拍，流拍率为13.53%。

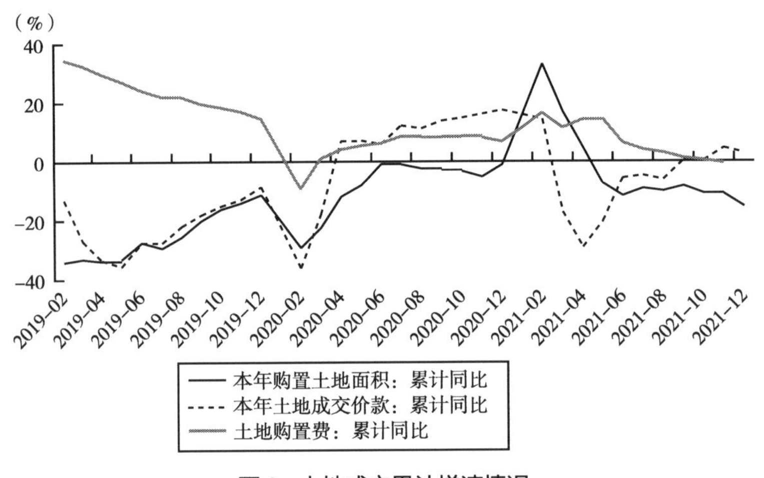

图4　土地成交累计增速情况

数据来源：Wind数据库。

2021年土地成交溢价率整体呈快速下跌趋势，市场受房地产调控政策影响重大。如图5，12月整体土地成交溢价率相比2020年同比下跌72.1%，三线城市下跌最严重，为75.1%；一线次之，为68.3%；二线下跌相对最少，为61.3%。分季度来看，一线和二线城市土地溢价率在第三季度经历了短暂的回升。地方因城施策，高价限涨，低价限跌。

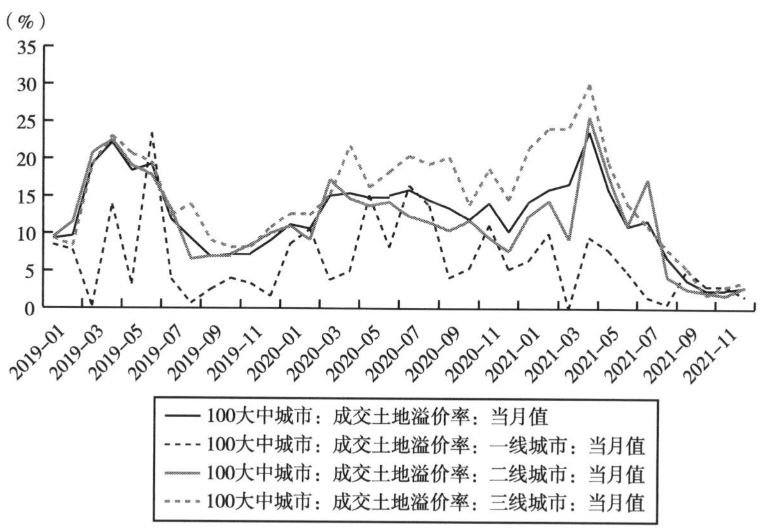

图5　100大中城市成交土地溢价率当月值走势

数据来源：Wind数据库。

（四）房地产上下游资金吃紧，国企密集转让地产股权

据统计，2021年前11个月共有343家房企宣布破产，以小微房企为主，大型房企“爆雷”现象也层出不穷。在此背景下，防水、建材、涂料、五金、卫浴家居等房地产上下游企业应收账款大量增加，使得上下游资金吃紧。多数供应链企业转型，削弱大客户依赖风险，拓展新零售等销售渠道。四季度，房地产行业新增产权转让项目显著增多。根据北京产权交易所公布信息，房地产产权转让项目以央企、国企为主，央企、国企尽管有融资优势，但也通过转让地产项目缓解资金困难，因此民营房企的资金压力只会更重。国企频频转让地产项目主要有以下几点原因：一是在2021年的房地产调控政策下，房地产的利润率逐渐下降；二是对于“绿档”房企，可以分散项目风险，提升经营业绩；三是对于“橙档”“红档”的房企，可以优化财务结构，缓解融资压力。

二、2022年房地产市场展望与预测

（一）销售规模总体稳定

中长期需求动能减弱，预计供给缩量、房地产税试点等将拖累市场交易规模。2022年，商品房销售面积将缩减6.8%—8.3%。受地价上涨，一、二线城市成交量比重上升等因素影响，平均销售价格将保持稳定。商品房销售总额将会减少，但降幅有限。随着房地产调控政策持续推进，倒逼房地产开发企业回归稳健，房地产市场供给逐步优化。继续大力鼓励租购并举，加快发展长期租赁市场，推进保障性住房建设，更好满足购房者合理需求，构建起商品住房、保障性住房等多层次住房体系。房地产市场供给逐步形成多主体供应、多渠道保障、租售并举的格局。“因城施策”促进房地产市场良性循环。坚持房住不炒，坚持“三稳”——即稳房价、稳地价、稳预期，将维护房地产市场健康平稳发展，有助于保障群众正常居住需要。

（二）土地市场进一步趋稳

上半年供地可在年内开盘，对房企吸引力普遍较高，但当前市场尚未见底。预计2022年一季度市场仍无明显回暖迹象，且受制于2000亿的海外债在2022上半年到期的影响，行业资金压力缓解有限。因此，2022年市场热度波动预计将弱于去年，市场更加平稳。由于融资环境有所改善，金融机构对于房地产企业融资活动表现出支持态度。但行业销售景气度尚未复苏，融资改善更多体现在头部央企、国企，进一步传递到土地市场，民企拿地能力不足，拿地金额占比持续降低。在“因城施策”政策指导下，一些城市减小调控力度，但未来房地产政策总体趋势仍是偏紧的，尤其是金融监管环境将长期收紧，2022年房地产企业对稀缺优质土地的竞争将会更加激烈，拿地态度会更加谨慎。

分报告六：进出口持续高增，2022年出口增速面临下行压力

执笔：王宏利

一、进出口延续高增，贸易顺差创新高

2021年进出口整体保持高增态势，韧性较足，稳中提质。进出口规模逐季增大，同比增速有所回落。12月出口延续高增速收官，进口增速不及预期，贸易顺差再创新高。如图1，据统计，2021年，我国货物贸易进出口总值39.1万亿元人民币，同比增长21.4%，两年复合增速11.3%。其中，出口21.73万亿元，同比增长21.2%，两年复合增速12.3%；进口17.37万亿元，同比增长21.5%，两年复合增速10.1%；贸易顺差4.37万亿元，同比增长20.2%，两年复合增速22.4%。

出口持续超预期增长。2021年12月出口同比增速20.9%，高于市场预期18%，由于2019年底高基数带来的压力，两年平均增速略有回落，相比11月回落了2个百分点。从出口国家和地区来看，12月我国对美国、欧洲、东盟和日本的出口增速分别为21.2%、25.7%、12%和8.6%。除美国外，对其他三大出口国或地区的出口增速均有所回落。对美国出口增速上升的部分原因是上年同期基数较低，但从两年复合增速来看，12月中国出口美国的两年复合增速为27.7%，较上月仍有所上升，创下年内新高，表明对美国出口具有韧性。对欧盟和东盟的出口与两年复合同比增速均有所下滑，但从数值上

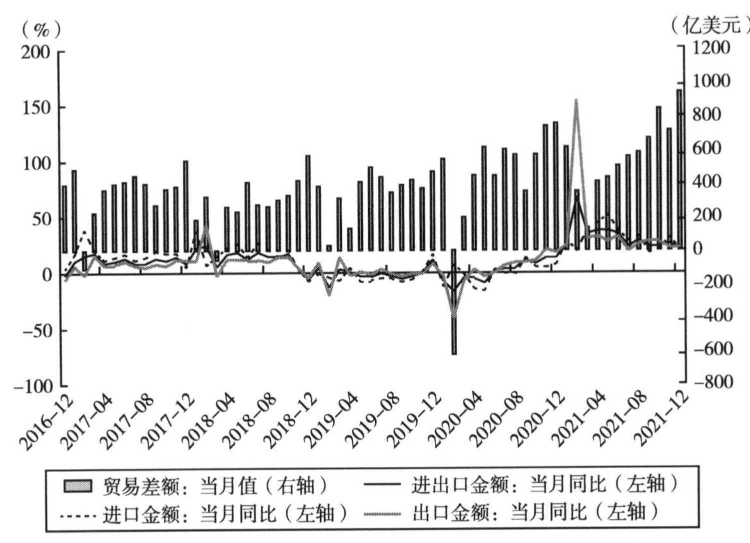

图1　进出口同比增速及进出口贸易差额值月度趋势

数据来源：Wind数据库。

看并不低，可能与消费意愿萎缩有关。如图2，2021年12月，美国和欧元区的制造业PMI分别为58.7%和58%，制造业维持高扩张趋势，日韩制造业PMI同样保持在54.3%、51.9%的高景气水平。东盟国家除泰国外，主要成员国制造业继续维持高景气。综上，外需依旧强劲，并对我国出口形成支撑。

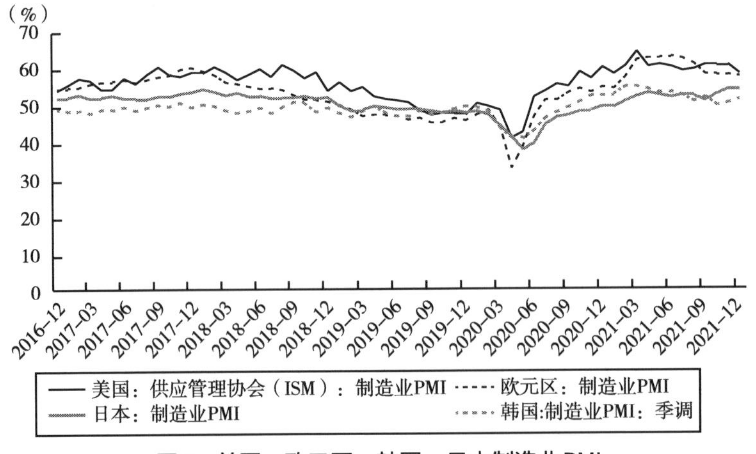

图2　美国、欧元区、韩国、日本制造业PMI

数据来源：Wind数据库。

从出口产品结构来看，主要出口产品金额两年复合增速有所分化。如图3，纺织纱线、织物及其制品增速显著下降，12月相比11月回落了10个百分点。主要原因有两点：一是东南亚经济复苏使我国纺织制品出口替代效应减弱，二是2022年国内部分纺织工厂由于春节提前停工放假。箱包、服装和鞋靴出口也均有回落。除劳动密集型产品出口下滑外，高新技术产品和机电产品出口上升。高新技术产品出口金额增速2021年下半年快速上升，12月创年内新高。机电产品出口金额增速保持在20%以上水平，是我国维持强劲出口的重要保障。其中，通用机械设备出口较2020年下降，与欧美制造业PMI环比下降有关。集成电路出口延续高增态势，12月两年复合增速为30%。手机、汽车及其零配件的出口表现较佳，家电保持稳定。工业资本品出口表现亮眼，稀土、钢材、铝材出口两年平均增速高位回升。工业资本品出口表现略好于消费品，说明海外消费需求边际回落，工业资本品需求边际回升。

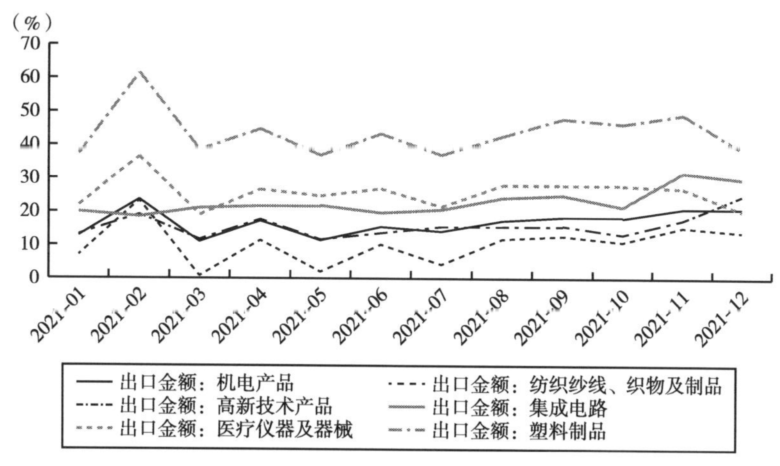

图3 美元计价下重点商品出口金额两年复合同比增速

数据来源：Wind数据库。

进口增速略低于预期，各类商品增速大幅分化。如图4，2021年12月我国进口2460.4亿美元，同比增长19.5%，低于市场预期22%，前值31.7%，两年复合增速13.4%。12月PMI进口指数低位回升至48.2%，但仍低于荣枯线。从进口国家和地区来看，中国对美国、欧盟、东盟、日本进口的两年复合增速分别为23.5%、5.9%、22.1%、3.97%，对美国和日本的进口增速回落最显著。从进口产品来看，大宗商品进口增速分化明显。能源产品例如原油、煤及褐煤、天然气的进口维持增长态势。原油进口涨幅相对较小，两年复合增速为10.3%；天然气进口持续高增，两年复合增速升至50%；煤及褐煤进口两年复合增速高于400%，主要受2019年12月极低基数的影响。与此相反，例如大豆等农产品，还有铁矿砂及其精矿的进口增速大幅降低。2021年12月，大豆进口两年复合增速环比下降7.3个百分点，主要原因是大豆进口数量大幅缩减，进口价格变化不明显。铁矿砂及其精矿进口两年复合增速环比下降21.3个百分点，由11月的20.9%急剧下降到-0.4%，量价均大幅跌落，是拉低12月整体进口增速的主要原因。

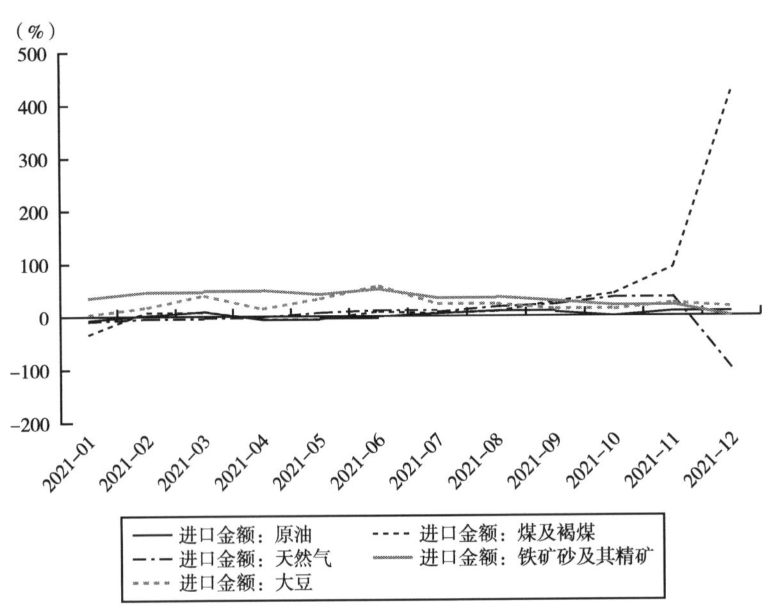

图4　美元计价下重点商品进口金额两年复合同比增速

数据来源：Wind数据库。

二、出口短期将持续高景气，增速面临下行压力

出口超预期短期内仍然是常态。一是海外供应链的修复面临变种毒株的疫情扩散、复杂的内部矛盾例如财富效应膨胀导致的就业意愿下降等困难，短期内想恢复并非易事。海外需求仍具有一定的韧性。二是RCEP于2022年1月1日起正式生效，成员国大幅下调关税壁垒，全球近1/3经济体量将形成一个共同的大规模市场，这将进一步带动区域内的贸易增长。各方预测数据来看，预计2022年我国仍将有9%以上的出口增速。

第一，出口增速将面临下行压力，一季度增速会开始回落。2021年四个季度的出口两年平均增速分别为13.4%、14.2%、16.1%、19.8%。2022年一季度，外需具有一定的韧性，但预计会面临与经济同步下行的压力，IMF将2022年的经济增长预测从2021年的5.9%下降到了4.9%。第二，大宗商品和运费价格处于高位，成本的上升会对出口增长产生一定的拖累。第三，人民币汇率表现坚挺，2021年出口超预期带来的贸易顺差高企，外汇流入增多，支撑着人民币保持强劲，人民币汇率的变动趋势受多方面因素影响，表现为双向波动，人民币汇率可能继续走强，从而拖累出口。第四，12月以来，美国港口拥堵日益加剧，一是因为卡车底盘短缺，二是工人谈判，卸货工人短缺。由此导致的卸货时间延长，可能会降低美国对中国的进口。美国劳动力市场已经开始复苏，但是由于疫情发展，生产环节紊乱，薪资、原材料价格上涨，供需失衡和供应瓶颈导致持续的高通胀。美国多家机构预测2022年美联储可能加息3到4次，以遏止通胀。首先加息会对全球资产价格造成负向冲击。其次，可能结束此前人民币单边持续升值的状况，导致国际资本一部分从中国回流美国。再次，加息并不一定能解决供应链的问题，倘若不能有效抑制通胀，通胀持续上行会导致美国民众购买力下降，进而中国对美国出口也将下降。

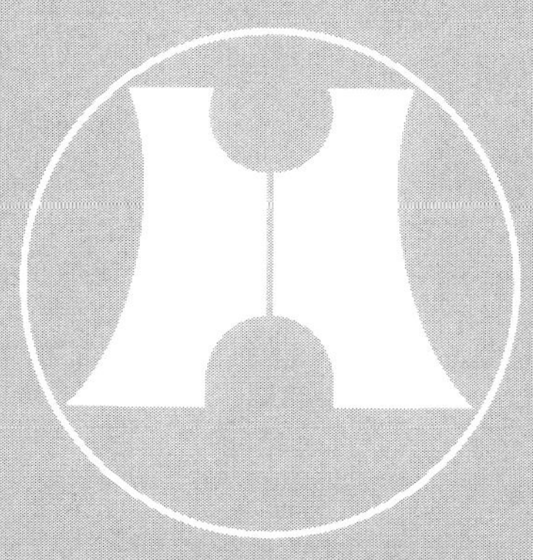

分报告七：交运经济稳中向好，海洋经济或成经济增长新势能

执笔：刘　帅

一、交通运输经济稳步向好，蕴含着巨大投资潜力

（一）客货运输止跌企稳，货物出口稳步改善

如图1，整体来看，2021年客运量与货运量逐步趋于平稳，客货运输基本稳定，呈现持续向好的态势，为经济稳定增长提供支撑。因节日效应与低基数效应减弱，国内多地疫情散点爆发，加之局部地区城市内涝等多因素叠加，2021年初以来客运量与货运量表现出不断下降的态势。从分项指标来看，由于国际国内多轮疫情冲击、疫情防控形势严峻，我国政府倡导就地过节以巩固防疫成果，居民旅行需求明显受限，铁路、公路以及民航客运量与承载率显著下降，客运量较疫前2019年明显下降，客运当月同比也出现不断下滑趋势以及季节性地回升。货物运输量则恢复到高于2019年平均水平，而且2021年全年维持在此水平。这也从侧面反映了疫情防控数字化、智能化与常态化后，无接触配送方式成为新经济新业态新模式，散点频发的疫情对城乡货物运输的负面影响逐步减弱。在电商平台网络和“最后一公里”配送模式密切配合下，预计2022年第一季度货运量将出现节日效应带来的短期回升。

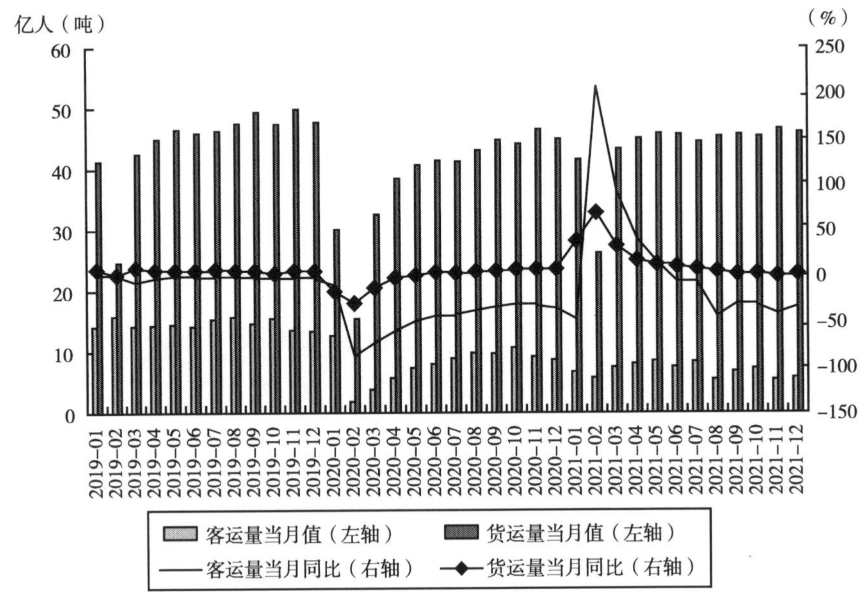

图1　客货运输量当月值与当月同比

数据来源：国家统计局。

如图2，从货物吞吐量指标来看，沿海主要港口货物吞吐量与外贸货物吞吐量当月值持续稳定高于2019年平均水平，疫情下低基数效应不减。其中，沿海主要港口货物吞吐量当月值稳定保持在8亿吨以上，均值高于2019年与2020年平均水平。下半年货物吞吐量当月同比在经历了下跌破零后开始波动上行。外贸货物吞吐量均值稳定在4亿吨左右，高于2019年平均水平，与2020年均水平基本持平，一定程度上反映出海外市场货物进口尤其是生活资料进口需求依然强劲，医用防护、工业中间品和制成品等物资出口“窗口期”尚未收窄，加之大宗物资“公—水—铁”多式联运互转衔接加快推进、效率提升以及运输结构加速优化，为当下我国持续巩固经济复苏势头增光添彩。

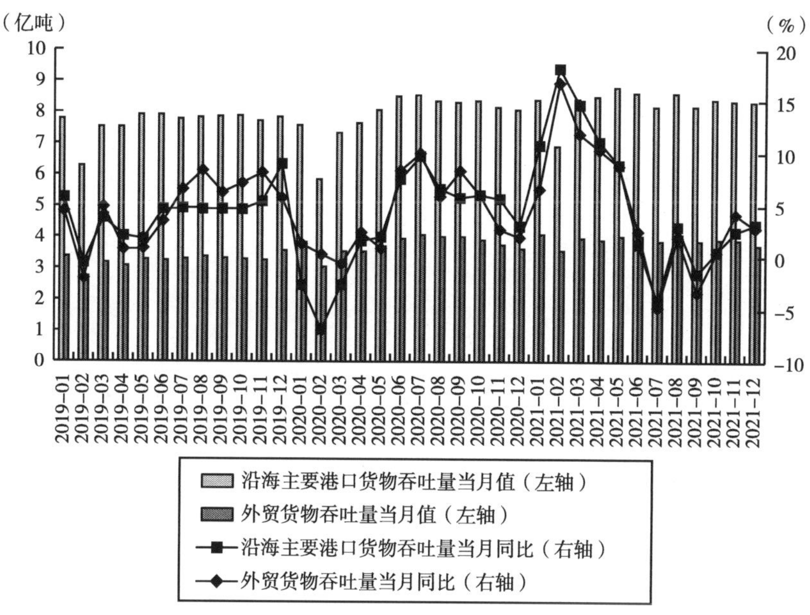

图2 沿海主要港口货物吞吐量当月值与当月同比

数据来源：国家统计局。

（二）快递物流平稳发展，实现量质齐升

如图3，2021年以来，我国快递物流平稳发展，规模以上快递业务量、快递收入以及快递业发展指数均呈稳定增长态势。从全年快递业务量来看，与2019年相比，我国规模以上快递业务量实现了快速增长，从2019年月均不足600亿件增长到2021年月均超过800亿件；与2020年相比较，2021年快递业务量实现了稳步增长。尽管2021年以来规模以上快递业务量当月同比从节日效应下的峰值开始走低，但是该指标下半年以来逐步止跌企稳，保持在20%左右，与疫前基本持平。

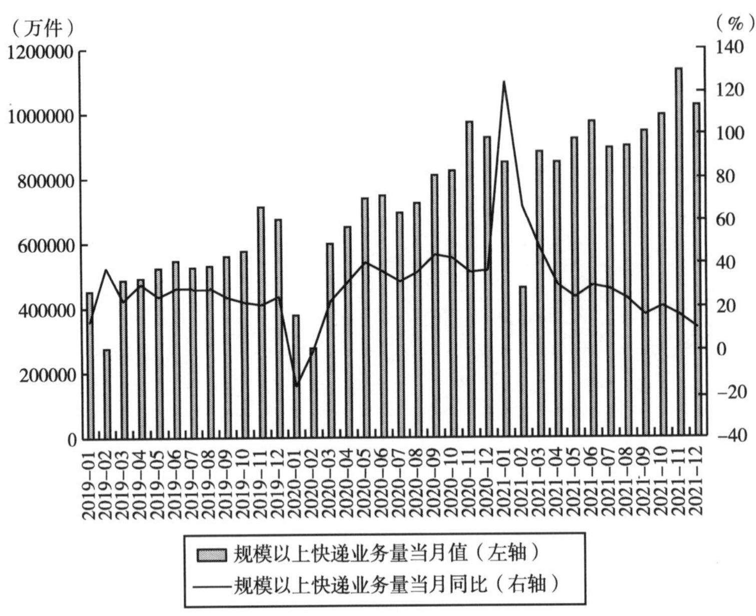

图3　规模以上快递业务量当月值及当月同比

数据来源：国家邮政局。

从规模以上快递业务当月收入数据来看，该指标与快递业务量走势保持一致，也呈现出从第二季度以来逐步走低、下半年转为企稳收敛的态势，低于2019年和2020年平均水平，但仍保持在12%以上收入水平，表明疫情冲击下快递业市场主体在保障中间品和最终消费品供应链稳定、支持国际国内经济双循环中发挥着重要支撑作用。从快递业发展指标观察，在多重“减税降费”政策组合、数字化智能化改造以及多式联运协同推进支持下，我国物流产业发展指数波动式上行，实现了发展规模与发展能力的双赢。如图4，数据显示，2019年中国快递业发展指数总指标与分项指标均保持在200点左右，但疫情窗口期给予快递业规模扩张与质量创造契机、提出更高要求，引导物流产业进行规模扩张的同时，开展产业结构优化调整与技术升级，从而实现了量增与质升等多重目标的有机统一。

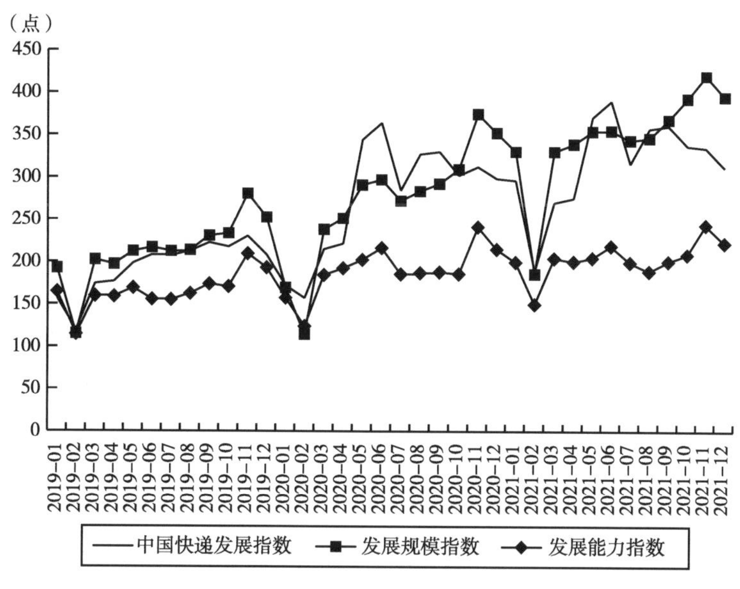

图4　快递业发展指数

数据来源：Wind数据库。

二、交通运输经济面临的主要风险点

（一）国际集装箱运价持续维持高位，阻碍进出口贸易平稳运行

如图5，2021年以来，多重因素叠加下的集装箱运价维持高位问题严重阻碍国际贸易平稳健康运行。“一箱难求”、港口拥堵、作业效率下降、集装箱滞留海外、延时交付，多重因素交织叠加致使国际海运价格持续维持高位，且短期内难以消除。其中，美国港口工会对港口自动化升级改造与工时延长的强烈抵制、卡车司机短缺等因素叠加，致使长滩与洛杉矶等港口作业效率难以提升。

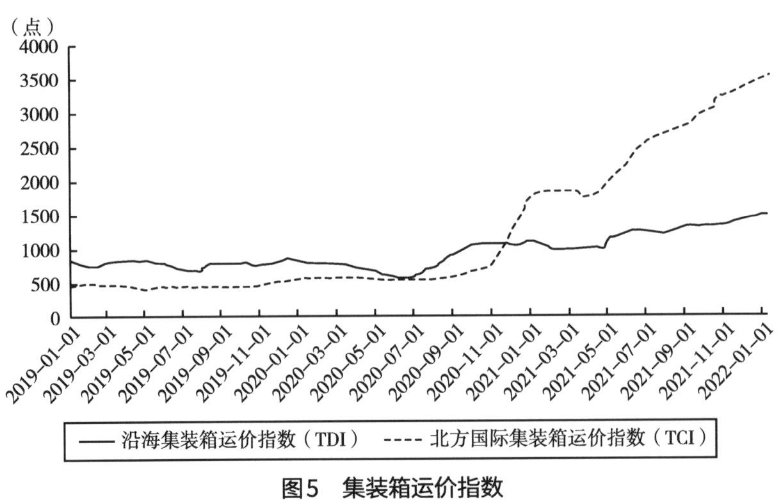

图5　集装箱运价指数

数据来源：Wind数据库。

全球海运市场相互关联，重要国际港口运行效率低下成为影响整个海运市场高效运转的致命堵滞点，对供应链稳定运行构成威胁。据美国国际战略研究中心的报告称，世界银行的集装箱港口绩效指数（CPPI）显示，在全球前50名最先进港口中，没有一个是来自美国的港口。美国港口无序运行与低效作业直接推高了全球海运价格，也制约了我国进出口贸易健康发展。据宁波航运交易所发布的海上丝绸之路指数显示，“海上丝绸之路”沿线地区主要港口中，13个港口运价指数上涨，目的港拥堵导致船舶延误严重，舱位供给难以满足出运需求。其中，12月18日，美东航线运价指数为3371.9点，较上周上涨3.7%；美西航线运价指数为4555.8点，较上周上涨1.8%。

国际供应链不安全不稳定程度上升，甚至存在供应链中断的风险，对我国交通运输经济平稳运行和进出口贸易健康发展产生负面溢出效应。供应链瓶颈多点爆发问题恐将持续至2023年，不仅威胁了全球经济平衡平稳复苏，推高了全球通货水平，也势必提高了承运合同违约风险，挤占了我国进出口企业利润空间，同时增加了制造业中下游企业生产成本，致使减税降费政策助力进出口贸易企业强力复苏效果大打折扣，降低了交通运输与物流企业承运意愿和投资意愿，制约贸易经济持续强劲恢复。疫前，供应链安全稳定问题并未为人重点关注，港口企业景气指数与信心指数维持在相对稳定状态。而国际海运行业受疫情影响，成为受疫情“双向”影响产业。如图6，数据显示，与2018年、2019年国际海运行业平稳运行相比，该行业港口企业景气指数经历2020年起底反弹后，又于2021年进入了平缓下行区间。这主要是因2020年疫情阻隔了主要经济体之间的工业原材料与商品国际运输，我国抗疫取得阶段性成果与率先复工复产为港口经济复苏注入活力，该行业企业信心指数短期内大幅提升。但在全球经济复苏不平衡、国际海运物流运行效率低下、集装箱运价维持高位等多种不利因素钳制下，我国港口企业对未来行业与市场预期并不乐观，出现景气指数和信心指数持续下行的趋势。

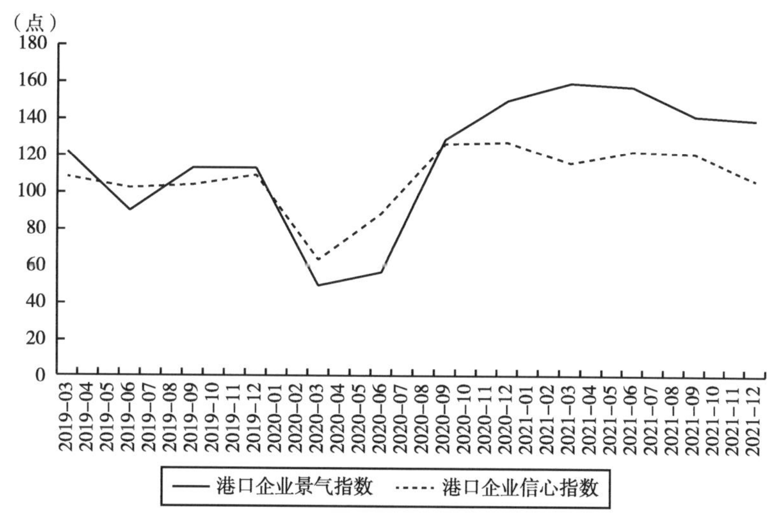

图6　港口企业景气指数与信心指数

数据来源：Wind数据库。

（二）新造船价格上升，挤压造船企业利润空间

工业类大宗商品价格上涨，加之劳动力价格上升及人民币升值，推高了

新造船只成本，压缩了船舶装备制造业企业利润空间。如图7，2020年以来，疫情冲击了全球采矿业与金属冶炼行业，阻隔了工业与能源类大宗商品国际海运，主要经济体经济持续复苏强化了铁矿石等大宗商品供需不平衡，以致进口铁矿石价格短期内急剧上涨。数据显示，2020年3月以来，进口铁矿石均价从89美元/吨一路飙升超过200美元/吨（2021年8月）。2021年钢价综合指数均值逼近200点。虽有小幅回落，但2021年末仍高于疫前同期水平。然而，目前我国船舶制造手持新订单数呈持续上升态势，尤其是2021年6月份突破150艘后连续半年持续增加。但由于船舶工业属原材料密集型产业，好望角型散货船建造成本中约1/3为钢材成本。由上游工业原材料上涨引起的成本快速增加，挤占了钢材成本占比较高的船舶制造工业企业利润空间。面对不断增加的新订单，船舶制造工业企业随手持新增订单增多却出现“增收但不增利”的窘境，无疑给船舶工业平稳运行、船舶制造业市场主体绿色创新低碳发展积极性带来冲击。

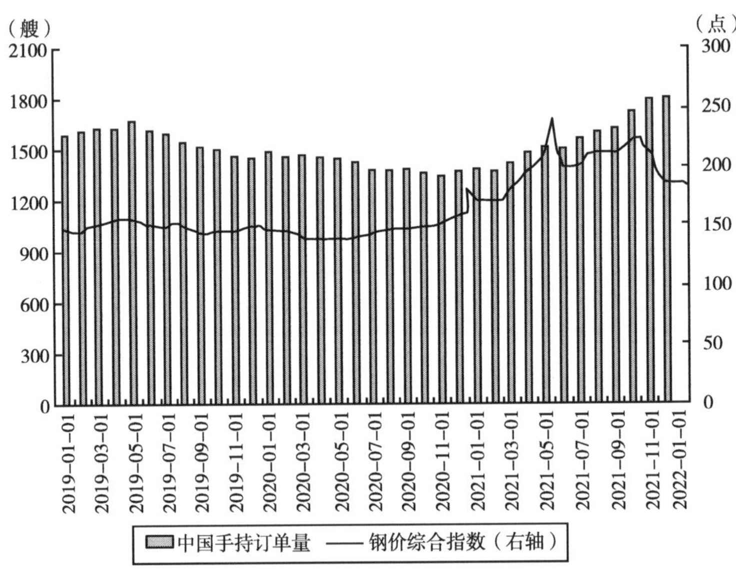

图7　中国新造散货船价格指数与钢价综合指数

数据来源：Wind数据库。

（三）新能源汽车充电设施与芯片供给不足，限制了新能源汽车产业稳定发展

2009年以来，财政部联合有关部门大力支持新能源汽车产业发展。在各方共同努力下，我国新能源汽车产业加速发展，产业技术水平不断进步、产品性能明显提升，产销规模连续六年位居世界首位。数据显示，新能源汽车加快发展，产销量和保有量都进入快速增长阶段（如图8）。相比于2020年12月全国新能源汽车产销量而言，2021年12月新能源汽车产量当月值超51.8万辆，销量超53万辆，在疫情冲击和全球汽车芯片短缺情形下仍实现了产销量增长一倍，产业发展势态良好。

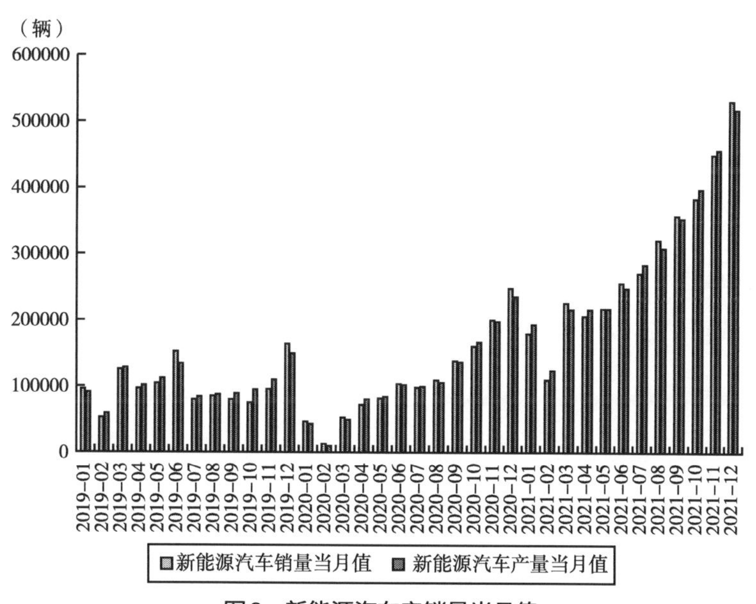

图8　新能源汽车产销量当月值

数据来源：国家统计局。

新能源汽车产业稳定发展可能受芯片供应与充电设施供给的限制。2020年以来，汽车行业受到芯片短缺问题严重困扰，2021年尤为突出，国内外多家汽车企业因此减产或停产。尽管全球主要芯片产业逐渐加大汽车芯片供给，

但新建产能释放和推广应用也存在明显的时滞效应，从而影响了新能源汽车稳定生产。从市场渗透来看，因动力不足、里程较短，现阶段新能源汽车主要涉及乘用车市场，而工程车、矿山车等工业领域动力车领域新能源汽车市场渗透率仍处于较低水平。而且，因新能源汽车充电与换电基础设施建设相对滞后，公共配套设备设施不完善，造成用户产生较强烈的“里程焦虑”“车位焦虑”，降低了新能源汽车使用体验感，加之2022年新能源汽车推广应用财政补贴终止，新能源汽车产业横向延伸与纵向发展存在势头减弱的风险，制约着新能源汽车产业的稳步推进。

三、交通运输经济展望

在为2022年经济工作定调的中央经济工作会议上，“稳”字始终贯彻其中。在经济下行压力增大、供给冲击、需求收缩、预期转弱的形势下，党中央提出“提前扩大基础设施投资，加快形成内外联通、安全高效的物流网络，适度超前开展基础设施投资，为国内大循环、国内国际双循环提供有力支撑”等论断。为此，我们不仅要着力推动解决目前所面临的难题，更要坚持新发展理念，以交通运输及其相关产业作为经济发展、技术创新、产业融合以及就业创造等多重目标实现的重要支撑点与着力点，为进一步推动质的稳步提升与量的合理增长积势蓄力。因此，本文提出以下三点建议：

（一）适度扩大中西部地区交通基础设施投资规模，加快推动交通设施绿色智能改造升级

以交通运输经济作为重要支撑点，适度扩大中西部地区尤其是枢纽型城

市固定资产投资，加快补齐中西部地区枢纽型城市与旅游城市之间交通设施短板，提高支线飞机与高铁通达度；加快推动东部地区交通运输设施绿色智能改造，尤其要重点推动东部国际港口基础设施数字化升级，实现传统集装箱码头无人自动化改造全流程实船作业，全面提高智能化港口作业效率，助力“铁—公—海”多式联运组合实施；加快推动新能源汽车产业基础设施健康发展，提高新能源汽车充电换电站及配套基础设施覆盖率；加快构建更为完善、面向全球的国家综合立体交通网络，提高通道资源利用效率，为国内大循环提供有力支撑。

（二）加快推动现代物流体系与产业融合发展，着力打造现代物流产业集群

在国家层面，结合农产品生产、流通空间格局、大型消费市场以及冷链物流基础设施区域分布，依托国家骨干冷链物流基地承载城市开展基地建设，加快布局国家骨干冷链物流基地，织密冷链物流节点设施网络；在地区层面，结合地理区位优势、产业优势以及交通优势等，打造具有地方特色、集多种功能于一体的商贸物流产业园区，推动城市商业转型升级和“商贸特色小镇”建设，推进农产品流通体系建设，完善冷链物流流通基础设施，完善农产品电商产业链，推动电商、物流与产业融合发展；聚焦代表性港口城市，布局港口经济，打造陆海产业集群，推动陆海经济深度融合，引导港口经济、岛屿经济、陆地经济的联动融合发展，培育壮大陆海产业集群。

（三）持续加大海洋经济技术改造投资，提高海洋经济创新性与安全性

海陆空交通运输是科技创新的前沿阵地和重要载体。其中，我国经济对外依存度高达60%，对外贸易运输量的90%是通过海上运输完成的，世界航

运市场19%的大宗货物运往中国，22%的出口集装箱来自中国。以海洋产业为代表的蓝色经济正在成为拉动中国增长的新引擎。数据显示，2020年全国海洋生产总值80010亿元，占沿海地区生产总值比重为14.9%。主要海洋产业稳步恢复，全年增加值29641亿元，多数海洋产业实现正增长，展现了海洋经济韧性与活力。在海洋经济加速推进优化升级中，我们不仅加快技术创新对传统海洋产业与应用场景进行改造升级、引导消费升级，在统筹考虑发展与安全的高质量发展新阶段，面对发达经济体科技创新的“围追堵截”，更要注重加强海洋科技领域的基础性、系统性与突破性科技创新，尤其是在海洋新兴产业领域，要不断加大科技创新投入力度，支持深海远洋技术、海洋生物医药、海洋新型材料等技术研究，围绕海洋经济重点布局船舶及港口航运、海洋资源开发、海洋高端装备、海洋电子信息、海洋生态环保和生物医药、海洋安全和现代服务等产业，支持海洋循环经济设施建设，加快推动全球海洋中心城市建设，提高我国海洋岛屿在全球货物运输链中的“锚点”和能源保障“安全岛”的功能地位，从而保障我国产业链供应链稳定安全。

分报告八：能源供应能力持续提升、供需紧平衡态势将有所缓解

执笔：张　帅

2021年，我国能源生产供应能力稳步提升、能源消费保持增长、能源消费结构持续优化，为国民经济持续稳定恢复提供了有力保障。但是，部分地区能源供应紧张、能源消费“前高后低”、能源价格高位运行等，增加了经济运行的不稳定性。展望下一阶段，传统能源供应和新能源生产均将呈现一定增长，供需紧平衡将有所缓解。受供需关系、疫情和天气等因素影响，煤炭价格将稳中有降，而原油和天然气价格依然存在上涨动力。

一、2021年能源运行状况分析

（一）能源生产稳步增长

2021年，不同类型能源生产同比增速呈现不同演变特征，原煤生产稳步提速、原油生产增速稳中有降、天然气生产和发电波动放缓（如图1所示）。整体而言，所有类型能源生产均稳定增长。全年生产原煤40.7亿吨，比上年增长4.7%，比2019年增长5.6%，两年平均增长2.8%；生产原油19898万吨，比上年增长2.4%，比2019年增长4.0%，两年平均增长2.0%；生产天然气2053亿立方米，比上年增长8.2%，比2019年增长18.8%，两年平均增长9.0%；发电81122亿千瓦时，比上年增长8.1%，比2019年增长11.0%，两年平均增长5.4%。

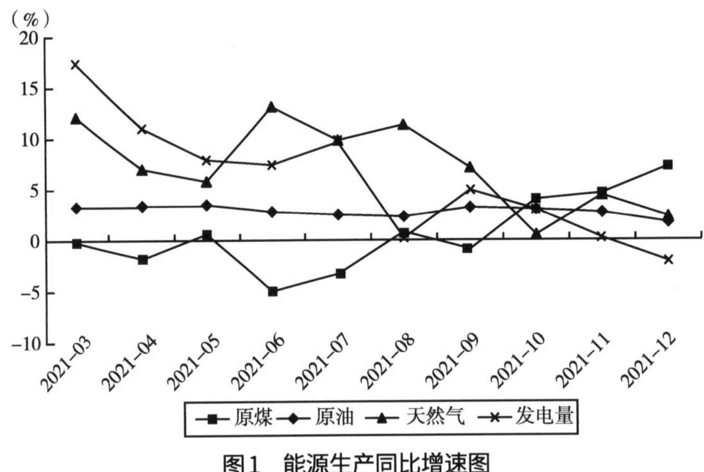

图1　能源生产同比增速图

数据来源：国家统计局。

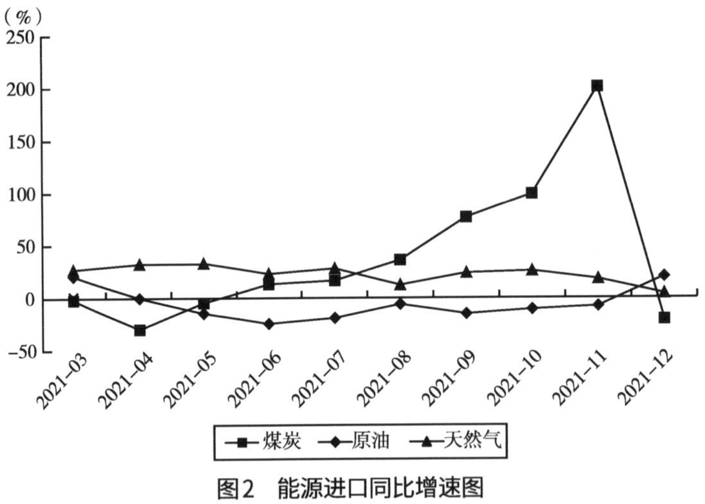

图2　能源进口同比增速图

数据来源：海关总署。

（二）煤炭和天然气进口保持增长，原油进口有所下降

不同类型能源进口同比增速呈现不同演变趋势。除个别月份外，原煤进

口增速不断上升、原油进口增速大多为负、天然气进口逐步放缓（如图2所示）。综合而言，煤炭和天然气进口保持增长，原油进口有所下降。全年进口煤炭3.2亿吨，比上年增长6.6%；进口原油51298万吨，比上年下降5.4%；进口天然气12136万吨，比上年增长19.9%。原油进口下滑主要是由于：（1）受环保政策影响，地方独立炼油厂的进口配额减少；（2）原油价格持续走高，为了抑制通货膨胀而释放原油储备。

（三）能源消费“前高后低”，整体呈现增长态势

2021年，能源消费总量比2020年增长5.2%，其中全社会用电量83128亿千瓦时，同比增长10.3%，较2019年同期增长14.7%，两年平均增长7.1%。分季度看，能源消费增长呈现“前高后低”态势，同比增速逐季回落（如图3所示）。这一方面是由于2020年同期基数“前低后高”，另一方面下半年能耗双控政策升级，全国各地出现“拉闸限电”。

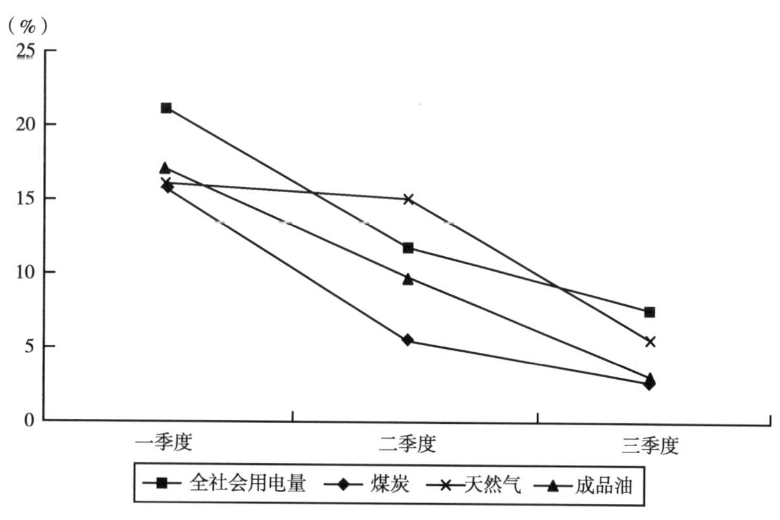

图3　能源消费同比增速图

数据来源：国家能源局。

（四）能源价格有所回落，但仍处于高位

2021年，能源价格持续高位运行，原油（WTI）、煤炭（动力煤期货）、天然气（亨利港管道气）最大涨幅分别为73.79%、181.88%和148.43%。三大化石能源在经历了大幅上涨之后均出现了一定回落，但当前价格较年初仍然有不同程度的上涨，原油、煤炭和天然气当前价格较年初分别上涨46.37%、9.52%和49.61%。煤炭价格持续上涨的主要原因是：（1）疫情平缓，工业复苏导致需求激增，发电、建材、冶金等行业的产量都保持了较高的增速，尤其在第一季度，增速在两位数。但是，受能源政策和国际因素影响，煤炭生产和进口均受到一定限制，供给存在缺口；（2）全球通胀，以及用能行业原材料市场的牵引作用。国际原油价格高位运行的主要原因是：（1）欧佩克与非欧佩克产油国达成石油减产协议，美国原油供应能力减弱，伊朗和委内瑞拉石油供应存在不确定性；（2）需求回升及美国宽松经济政策。天然气价格高位运行的主要原因是：（1）天气、环保政策和疫情平缓等因素导致天然气需求激增，但天然气生产和储备却不足；（2）海运价格大幅上涨，提升天然气尤其是液化天然气的价格。

二、2022年能源运行状况展望

2021年，我国能源供需整体呈现紧平衡态势。2022年，传统能源供应和新能源生产均将呈现一定增长，供需紧平衡将有所缓解。受供需关系、疫情和天气等因素影响，煤炭价格将稳中有降，而原油和天然气价格依然存在上涨动力。

（一）传统能源供应保持增长

1. 原煤。2021年中央经济工作会议已指出，传统能源逐步退出要建立在新能源安全可靠的替代基础上。要立足以煤为主的基本国情，抓好煤炭清洁高效利用，增加新能源消纳能力，推动煤炭和新能源优化组合。2021年底，国家发展改革委下达《关于做好2022年1月份煤炭生产供应工作的通知》，要求煤炭中长期合同供应量原则上保持只增不减。2022年经济工作要稳字当头、稳中求进。受高基数影响，2022年上半年用电增速或将放缓，煤炭消费增速将回落。目前煤炭保供政策延续，且已形成部分实质新增产能，后续即使保供政策退出后，供应仍有保障。

2. 原油。首先，国内原油生产继续加速。根据《中国海洋能源发展报告2021》预测，2022年中国海洋油气产量将不断提升，预计原油产量达到5760万吨，同比上涨约5.4%，占中国原油增量的80%左右。其次，国际原油供应增加。根据彭博社预测，2022年第一季度，欧佩克与非欧佩克产油国实际原油供应增加量将为140万桶/天。在2021年12月的会议上，欧佩克坚持了每月增产40万桶石油的协议，直到2022年的9月。此外，美国原油产量可能会增加近100万桶。

3. 天然气。首先，国内天然气生产快速增长。随着“增储上产七年行动计划”持续推进，全国天然气产量快速增长，新增探明地质储量保持高峰水平。国家能源局预计我国天然气产量2025年达到2300亿立方米以上，2040年以及以后较长时期稳定在3000亿立方米以上水平。其次，国际天然气供应增加。如果北溪2号（Nord Stream 2）管道能够顺利启动，将大大缓解天然气的短缺。而且，未来两年每年将有7900万吨（MMTPA）的额外液化天然气项目做出最终投资决定。

（二）新能源生产继续加速

2021年，非化石能源发展迈上新台阶，全国可再生能源发电装机规模历史性突破10亿千瓦，水电、风电装机均超3亿千瓦，海上风电装机规模跃居世界第一，新能源年发电量首次突破1万亿千瓦时大关，继续保持领先优势。2022年全国能源工作会议指出，“推进东中南部地区风电光伏就近开发消纳，积极推动海上风电集群化开发和“三北”地区风电光伏基地化开发，抓好沙漠、戈壁、荒漠风电光伏基地建设，加快推进西南地区龙头水库电站建设，核准开工一批重大工程项目”。可以预见，2022年新能源生产将继续加速。根据IDC的最新预测，2022年中国能源供应将更加多元化，一次能源消费结构中非化石能源占比将提升至17%以上。

（三）煤炭价格将稳中有降，原油和天然气价格依然存在上涨动力

1.煤炭。随着春节临近，假日效应显现，叠加气候转暖供暖需求逐步减少，煤炭需求将进入传统淡季、逐步回落，后期煤炭价格下行压力将加大。此外，2022年中长期煤炭合同覆盖范围扩大，首次实现发电供热用煤全覆盖，在稳定煤炭价格方面将发挥重要作用。

2.原油价格主要受国际因素影响。2022年第一季度受奥密克戎病毒的冲击，石油需求会暂时下降，但第二季度可能出现反弹，下半年世界经济可能强劲复苏，石油需求也将持续增加。根据国际能源署的数据，2022年石油消费量预计将从2021年的9620万桶/天提高到9953万桶/天，基本恢复到疫情前水平。上文已经指出，2022年国际原油供给将有所上升，但整体而言产量增长可能无法满足需求增长，因此油价存在上涨动力。巴克莱银行预测，2022年WTI平均价格约为77美元，高于去年每桶73美元的平均价格。高盛

认为，如果今明两年疫情得到控制，油价将持续上涨，到2023年布伦特原油平均价格将达到每桶85美元。

3.天然气价格也主要受国际因素影响。在疫情后经济复苏以及全球碳中和的双重背景下，石油和煤炭向天然气的转化速度会进一步加快。但是，供给端上游资本开支放缓是大趋势，天然气供需将会长期保持紧平衡。欧洲天然气基础设施协会数据显示，目前整个欧洲天然气库存仅为满负荷水平的68%，远低于10年同期均值。而且，俄罗斯北溪2号项目正受到一些政治影响，必须得到德国监管机构的批准和欧盟当局的审查才能运行。因此，未来天然气价格仍然存在上涨动力。维贡咨询公司认为，2022年全球天然气市场需求将继续增加，天然气价格回落需要等到天气转暖、需求放缓，“北溪-2”天然气管道投入使用以及美国新投产的液化天然气项目达到满负荷运转才能实现。

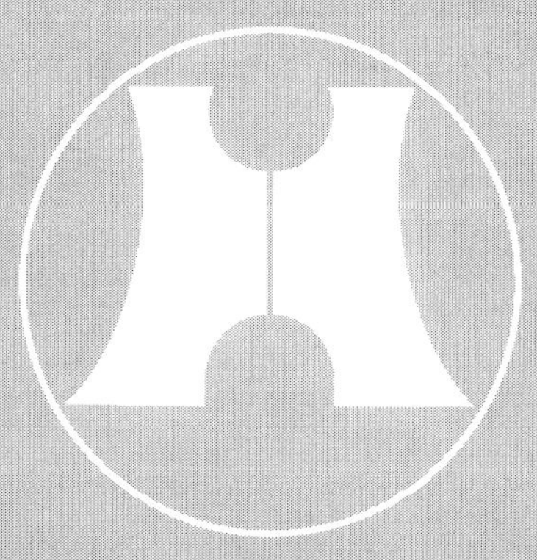

分报告九：CPI 延续温和上涨态势，PPI 倒 V 型走势可期

执笔：武靖州

2021年，需求收缩之下CPI低位运行，供给冲击之下PPI高位震荡，二者之间的“剪刀差”迅速扩大，对宏观经济政策构成较大挑战的同时，也反映出了经济结构中存在的突出问题。2022年，随着需求端的逐步恢复，加之部分重点商品存在价格上行趋势，预计CPI延续温和上涨态势，仍在合理区间运行；而供给与需求的进一步平衡则会使PPI进一步回落，进而呈现前高后低的走势；CPI与PPI之间的“剪刀差”缩小。CPI与PPI运行方向的变化，需要宏观经济政策提前做出优化调整。

一、需求收缩下CPI温和上涨

（一）2021年全年CPI低位运行

2021年，CPI比去年上涨0.9%，不包括食品和能源的核心CPI上涨0.8%，全年CPI低位运行。其中：1—2月受上年同期基数较高影响呈现同比下降态势；3—5月高基数效应转弱，CPI由降转升；6—9月受猪肉价格大幅下行影响涨幅有所回落；10月起上游价格传导效应逐步显现叠加上年低基数，CPI涨幅回升（见图1）。

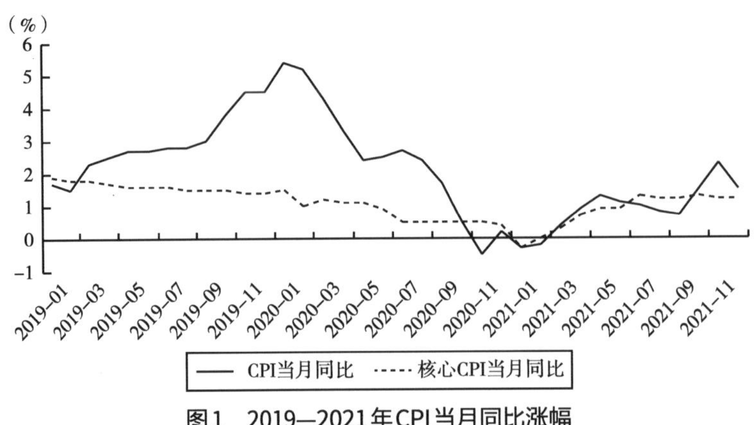

图1　2019—2021年CPI当月同比涨幅

数据来源：Wind数据库。

（二）食品与非食品价格走势分化

2021年，食品价格下降1.4%，拉动CPI下降约0.26个百分点，其中，猪肉价格下降30.3%，拉动CPI下降约0.7个百分点。除禽肉类价格外，其他食品大部分类别价格有所上涨，淡水鱼、鲜菜、鸡蛋和鲜果价格分别上涨20.9%、5.6%、12.7%和2.8%。非食品价格上涨1.4%，拉动CPI上涨约1.17个百分点，其中，能源价格上涨8.3%，拉动CPI上涨约0.56个百分点（见图2）。

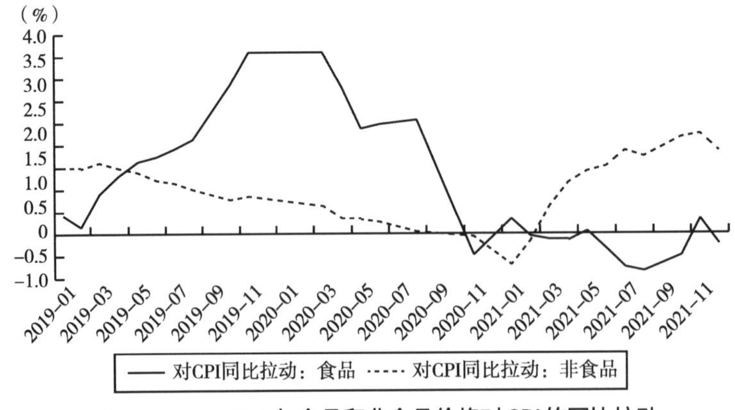

图2　2019—2021年食品和非食品价格对CPI的同比拉动

数据来源：Wind数据库。

（三）需求收缩叠加猪价周期是抑制CPI上行的主要因素

居民消费价格事关民生，2021年物价涨幅较低，与国家一系列的稳价保供措施有关，特别是针对部分大宗商品价格异常波动、电力供应一时紧缺等问题，有关部门及时采取供需双向调节措施，确保了基础性大宗商品与能源价格的基本稳定，充分体现了社会主义市场经济条件下更好发挥政府作用的改革方向。从市场角度看，新冠肺炎疫情持续导致的需求收缩与猪肉价格进入周期底部则是CPI低位运行的主导因素。

从消费需求看，2021年社会消费品零售总额比上年增长12.5%，一季度受上年同期基数较低影响一度达到33.9%的高速增长，但两年平均增速仅为3.9%，特别是2021年12月仅同比增长1.7%（见图3），疫情防控影响下的消费链条不畅与消费者信心不足问题日益显现。

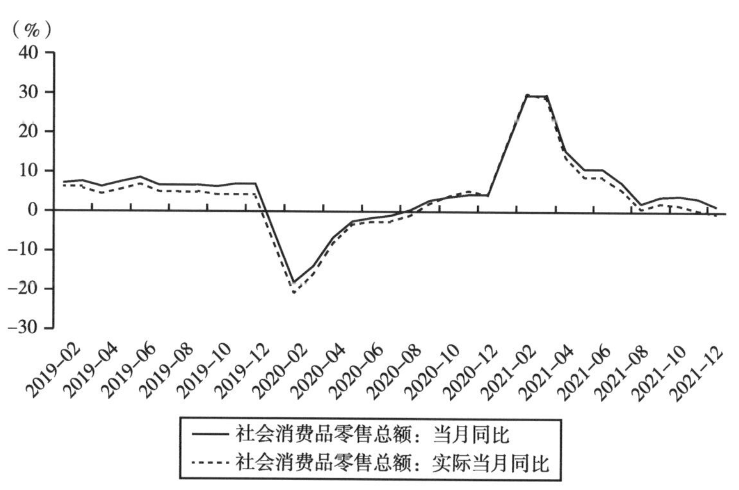

图3　2019—2021年社会消费品零售总额当月同比

数据来源：Wind数据库。

从猪肉价格看，2019年以来猪肉价格快速上涨刺激生猪产能迅速扩张，需求基本稳定下供给大幅增长导致猪肉价格在2020年初达到历史性高位后逐步下降，由2020年上涨49.7%转为2021年下降30.3%（见图4）。在猪肉价格下降带动下，禽肉类价格也有所下降，鸡和鸭价格分别下降5.3%和1.0%，成为对冲居民消费价格上行的重要因素。

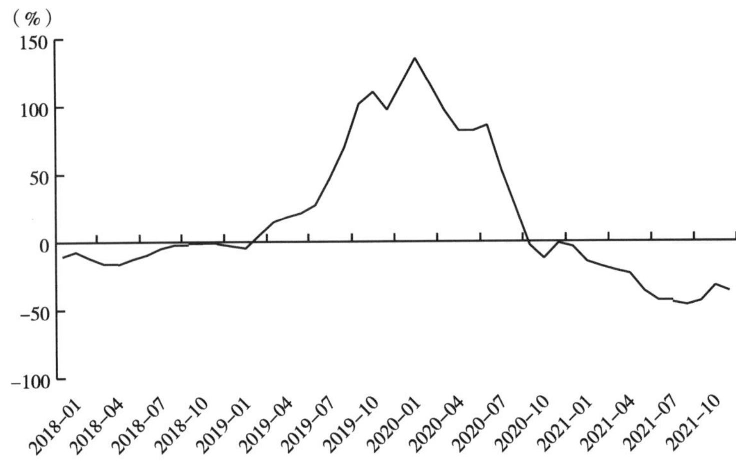

图4　2018—2021年猪肉价格当月同比

数据来源：Wind数据库。

二、供给冲击下PPI高位震荡

（一）2021年PPI冲高回落

2021年，PPI上涨8.1%，在国际大宗商品价格走高影响下创历史新高。其中：1—5月由于上年基数较低，PPI涨幅快速扩大至9%；6—8月涨势趋缓；9月由于能源和原材料供应收缩涨幅进一步扩大，至10月达到13.5%的高位后回落，12月同比上涨10.3%（见图5）。

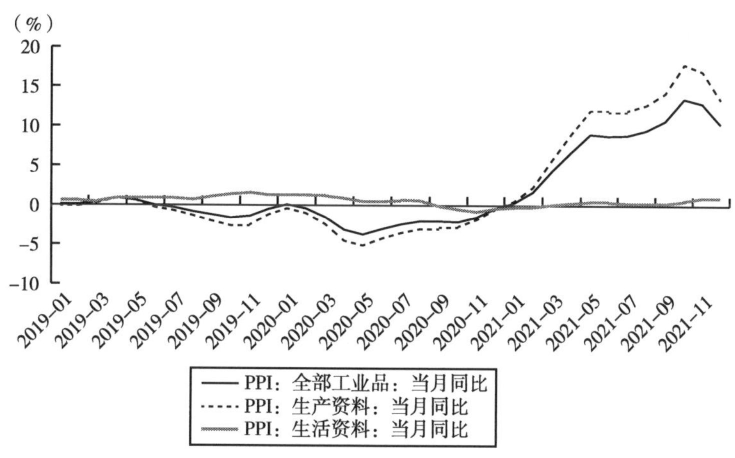

图5　2019—2021年PPI当月同比

数据来源：Wind数据库。

分大类看，全年生产资料价格上涨10.7%，拉动PPI上涨约7.97个百分点，几乎贡献了PPI的全部涨幅，其中：采掘工业价格上涨34.4%，原材料工业价格上涨15.8%，加工工业价格上涨6.6%；生活资料价格上涨0.4%，涨幅比上年回落0.1个百分点，影响PPI上涨约0.09个百分点，其中：食品和一般日用品价格分别上涨1.4%和0.5%，耐用消费品和衣着价格分别下降0.6%和0.2%。

（二）供给冲击是PPI高位运行的主要因素

2020年以来，受新冠肺炎疫情全球蔓延影响，国际大宗商品供给收缩，但需求在短暂收缩后快速恢复，叠加世界主要经济体货币政策宽松，大宗商品价格持续上涨并创历史新高，推动PPI快速上涨。分行业看，石油和天然气开采业、石油煤炭及其他燃料加工业、化学原料和化学制品制造业、化学纤维制造业等石油相关行业全年平均涨幅在16.1%—38.7%之间，有色金属冶炼和压延加工业价格上涨22.7%，燃气生产和供应业价格上涨5.1%，上述行业合计影响PPI上涨约3.95个百分点。2021年下半年，受供应偏紧叠加需求相对旺盛影响，煤炭开采和洗选业价格大幅度上涨，同比涨幅由6月份的37.4%逐月扩大至10月份的103.7%；钢铁相关行业产能置换措施逐步落实，钢材供应相对偏紧，价格走高；全年煤炭开采与洗选业价格平均上涨45.1%，黑色金属冶炼与压延加工业价格平均上涨28.5%，合计影响PPI上涨约2.64个百分点。

三、CPI与PPI趋势背离的结构性因素

大宗商品价格上涨，抬升中下游工业企业生产成本，面对生产成本增加，企业要么压缩利润，要么提高商品出厂价格，后者会进一步传导至居民消费物价水平上。但这种传导并非直接的、全部的传导，而是受一系列因素的制约，这些因素的存在导致PPI与CPI指数经常性背离。如图6，2012—2015年，我国PPI指数大幅低于CPI，2017—2018年，PPI指数又高于CPI，2019—2020年PPI低于CPI，2021年以来PPI又高于CPI，且背离幅度更大。这种背离主要与国内消费需求疲软、资源性产品市场定价机制未理顺、特定商品的价格周期等因素有关，其中蕴含的是重大结构性问题，值得关注。

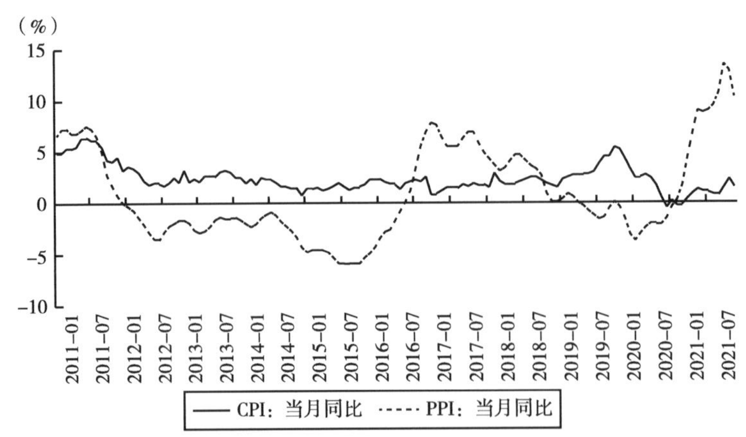

图6　2011—2021年我国CPI与PPI当月同比增速趋势图

数据来源：Wind数据库。

从需求结构看，CPI代表了国内需求与消费需求，PPI则更多地反映投资需求且受外需变化影响，内需与外需、投资需求与消费需求的失衡是造成二者长期背离的主要因素。从产业结构看，上游涉及生产资料的产业国有经济占比较大，行业集中度高，部分行业具有垄断能力，市场竞争不充分；中下游消费品行业民营经济占比大，行业集中度相对较低，市场竞争比较充分；PPI与CPI背后所代表的产业所具有的所有制和市场化鸿沟，是二者长期背离的重要助推因素。进一步地，CPI与PPI的长期背离，又会扭曲国民收入分配结构，PPI上涨提高了上游垄断性资本与金融资本的利润和资产价格，但依赖CPI的下游中小民企却难以受益，甚至利润减少并亏损，这势必会进一步导致国民收入分配结构向国民经济的上游集中，拉大金融机构、非金融企业和居民的差距。

四、2022年CPI与PPI趋势的方向变化

2021年，CPI温和上涨、PPI冲高回落，呈现出CPI与PPI背离幅度拉大的态势。展望2022年，受消费恢复、猪肉价格反转、上游成本传导、能源价格上行等因素影响，CPI预计会呈现前低后高的走势；另一方面，受大宗商品供需矛盾有所缓解、西方国家货币政策相对收紧、2021年基数相对较高等因素影响，PPI可能呈现前高后低的走势。这种方向变化将导致CPI与PPI的“剪刀差”呈收敛态势。

（一）消费恢复与成本传导推动CPI前低后高

根据现有因素推断，2022年CPI上涨幅度会大于2021年，且呈现前低

后高的走势。

第一，疫情影响减少情况下的消费恢复。中央经济工作会议明确了2022年“实施好扩大内需战略，促进消费持续恢复”的政策方向，促消费的政策预计陆续出台，疫情对消费的影响大概率会减弱。

第二，PPI的传导效应逐步显现。从2021年第四季度CPI数据看，PPI对CPI的传导主要体现在交通工具及其燃料、居住水电燃气等少数商品价格方面，但2021年底部分行业面临持续的成本压力已实施商品提价措施，意味着PPI对CPI的传导范围会有所扩大。

第三，猪肉价格触底反转可能性较大。2021年下半年以来，猪肉价格在成本线附近波动，猪企补栏意愿大幅下降，能繁母猪存量下降速度较快（见图7），预计2022年上半年生猪供给仍过剩，猪企亏损面进一步扩大，推动产能快速出清，至2022年下半年触底后反弹。

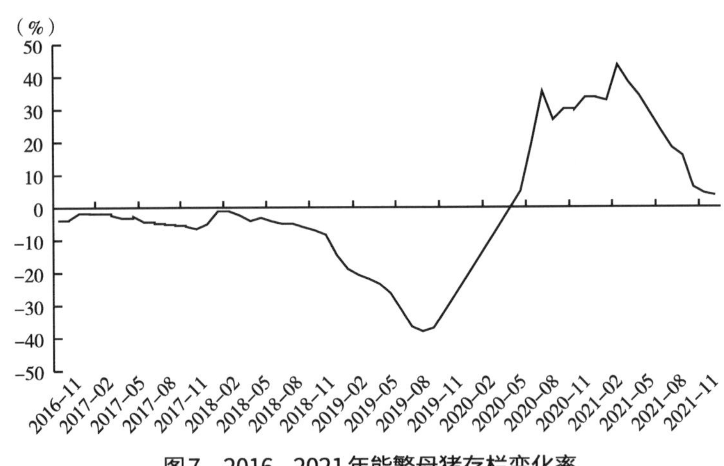

图7　2016—2021年能繁母猪存栏变化率

数据来源：Wind数据库。

第四，地缘政治影响下石油价格上行。2022年1月，哈萨克斯坦发生骚乱导致国际油价上涨，开启了地缘政治极其不稳定的一年。百年未有之大变局下，重大地缘政治、自然灾害、疫病疫情等事件发生的概率增加，不确定性与风险强化，能源类产品价格的风险溢价势必会提升。

尽管导致CPI上涨的因素不少，但2022年CPI全面大幅上行的概率较低，预计仍在合理区间运行。首先，消费主要是在疫情影响中恢复而短期内难以反转；其次，PPI逐步回落，自身的衰减意味着其传导效应乏力；最后，目前生猪养殖受非洲猪瘟、环保限产等方面的影响已大大减弱，即使价格反转，其程度也会大大弱于上一轮周期顶点。

（二）供需平衡与政策调整导致PPI前高后低

2020年以来大宗商品价格的大幅上涨主要源于疫情蔓延导致的供需失衡和流动性宽松，2022年供需再平衡与政策调整会抑制大宗商品价格逐步回落。首先，从需求端看，有关国际组织预计2022年全球经济增长会明显放缓，前期被压抑的需求逐步释放完成，大宗商品需求增长乏力。其次，从供给端看，新冠肺炎疫情变异的不确定性、地缘政治事件、自然灾害等因素仍会制约大宗商品供给，供给冲击仍难消除。最后，以美国为代表的西方主要经济体货币政策正常化方向基本明确，将导致全球流动性收紧，成为抑制大宗商品价格上涨的重要因素。综合判断，大宗商品供需失衡状态有所缓解，叠加流动性逐步收缩，PPI预计逐步回落，全年呈现前高后低的态势。

五、政策建议

综上所述，2022年PPI上行压力有所缓解，CPI大概率延续温和上涨态势，价格因素对于宏观经济政策的压力与挑战可能弱于2021年，但输入型因素、重点商品价格周期变化及价格变化背后的结构性问题仍应关注。2021年中央经济工作会议要求，2022年经济工作要稳字当头、稳中求进，各方面要积极推出有利于经济稳定的政策，政策发力适当靠前。物价稳是经济稳的前提，应抓住价格变化中的主要矛盾，通过适当靠前的政策措施，以稳物价为经济稳定相关政策留出更大的空间。

（一）有效调节供给与需求

两年多来的新冠肺炎疫情，打破了以往的供给与需求平衡，国内外部分领域的供需链条仍时断时续，供给冲击与消费收缩的压力持续存在。因重大公共危机导致市场不能有效调节供求时，政府的公共政策便显得尤为重要。应聚焦初级产品供给与内需恢复优化公共政策，以“看得见的手”引导和调节供给与需求再平衡。一是加快完善农村土地流转政策，推动耕地集约高效利用，稳定并提升粮食自给能力。二是优化能源资源开发利用体制机制，合理布局产能的时空分布，提升战略性能源资源储备能力。三是发挥各级各地政府引导基金的作用，与各级政府基建投资、地方政府专项债项目互补配合，引导和调动社会资本投资恢复性增长。四是减税负、增收入并行，注重减税降费与增收政策的边际效应，以重点群体、重点领域消费增长带动整体消费的快速恢复。

（二）合理引导市场主体预期

疫情刚暴发时，短暂的冲击导致了市场主体预期的紊乱，随着疫情的持续，紊乱的预期逐步一致化，形成持续转弱的特征。市场主体预期的持续弱化，会导致宏观经济政策效应难以充分发挥，甚至产生负反馈效应。应以政策的扩张、稳定与聚焦，对冲持续弱化的预期，消除市场主体焦虑。一是惠及市场主体的政策适当靠前发力，让市场主体尽快吹到政策的“暖风”。二是适当整合各方面政策，适度拉长政策实施期限，避免宏观政策“碎片化”“短期化”，进一步扰乱市场主体预期。三是抓住经济运行中的主要矛盾、主要矛盾的主要方面，精准发力，避免政策传导扭曲、政策范围转移、政策效应弱化。

（三）密切关注重点商品价格周期变化

如前文分析，2022年对价格的扰动除输入型因素外，可能主要来自于猪肉价格、能源供应、房地产市场等领域。应前瞻性研判、提前谋划、靠前施策，弱化商品价格周期对整体物价稳定的影响。一是根据猪肉价格变化适时实施猪肉收储，统筹协调各级政府、各部门及国有企业的储备能力；生猪养殖去产能过程中，引导和支持养殖企业兼并重组，提升市场集中度。二是加快推进能源产供储销体系建设，持续优化用能结构，以市场化手段促进能源节约高效利用。三是加强货币政策与其他宏观政策的协调配合，避免预期转弱导致信贷萎缩条件下流动性错配，助推资产价格大幅上涨或部分必需品投机炒作。

（四）巩固和完善要素市场化改革的体制基础

解决经济运行中的诸多结构性问题，需要加快完善要素市场化配置体制机制。要素市场化配置的核心是发挥价值规律在要素配置中的决定性作用，关键在于明确市场主体（含政府）对要素的产权关系。一是构建生产要素结构化、层次化、社会化的产权体系。以明确中央与地方政府、政府与市场主体、政府与社会主体之间的产权关系，对生产要素产权结构化分解、层次化安排、社会化行使、市场化配置。二是完善相关法律制度，形成稳定的产权安排。产权制度本质上是法律制度，是以法律规定各项产权权能在不同产权主体之间的归属。与政策文件形式、一事一议的产权安排不同，法律层面的产权安排更具稳定性，且只有法律才能保障产权契约的履行。三是推进配套改革，提供产权制度高效运行的环境与基础。产权制度作为市场经济的基础性制度，其改革具有牵一发而动全身的影响，与产权制度改革同步，须推进其他相关领域的体制改革，使产权制度改革与其他领域改革能够在时空上无缝衔接。

分报告十：就业形势总体稳定，结构性矛盾进一步凸显

执笔：武靖州

2021年，我国就业形势总体稳定，城镇调查失业率比上年有所下降，新增就业人数比上年有所增长，均达到宏观调控预期目标。但原有的结构性矛盾持续存在，特别是劳动力供求矛盾进一步强化，青年群体失业率持续偏高，居民就业预期有所恢复后再度转弱，劳动者就业取向也在发生深刻变化。为此，应着眼中长期结构性矛盾优化就业公共政策，在完成年度就业目标的同时，为中长期的经济高质量发展提供更加适配的劳动力供给。

一、2021年就业形势总体稳定

2021年，我国国民经济在疫情影响中进一步恢复，年内的疫情散发与汛情对经济运行造成了一定冲击，但经济基本面相较2020年大幅改善，党中央、国务院坚持把就业摆在“六稳”“六保”首位，深入实施就业优先战略，全面优化就业优先政策，聚焦重点群体、助企纾困稳岗、扩大就业容量协同发力，全年就业形势总体平衡且呈现稳中向好态势。

（一）失业率比上年有所下降

2021年，全国城镇调查失业率均值为5.1%，比2021年下降0.5个百分点，说明随着国民经济的持续恢复，就业形势进一步好转。1—3月，受疫情防控及春节因素影响，失业率水平相对较高，2月达到5.5%的年内最高值；4月份开始回落，5—6月均处于5%的水平；7—8月随着高校毕业生进入就业市场，失业率回升至5.1%；9—10月随着高校毕业生陆续入职，失业率回落至4.9%的年内低点；11—12月天气转冷叠加春节临近，部分劳动力主动就业意愿不强，失业率重回5.0%—5.1%（见图1）。整体来看，全年城镇调查失业率在4.9%—5.5%之间，波动幅度小于2020年。

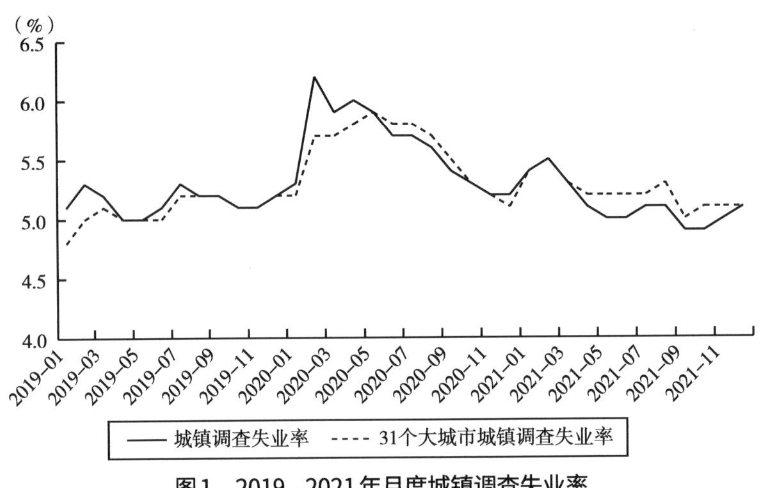

图1　2019—2021年月度城镇调查失业率

数据来源：Wind数据库。

（二）城镇新增就业人数比上年有所增加

2021年，城镇新增就业人数1269万人，比2021年增加83万人，同比增长7.0%；城镇失业人员再就业人数545万人，就业困难人员就业人数183万人，分别比上年增加34万人、16万人。全年城镇新增就业人数大于2020年，仍未恢复至2019年水平，但城镇失业人员再就业人数及就业困难人员就业人数基本达到或超过2019年水平（见图2），说明就业基本面进一步稳固。

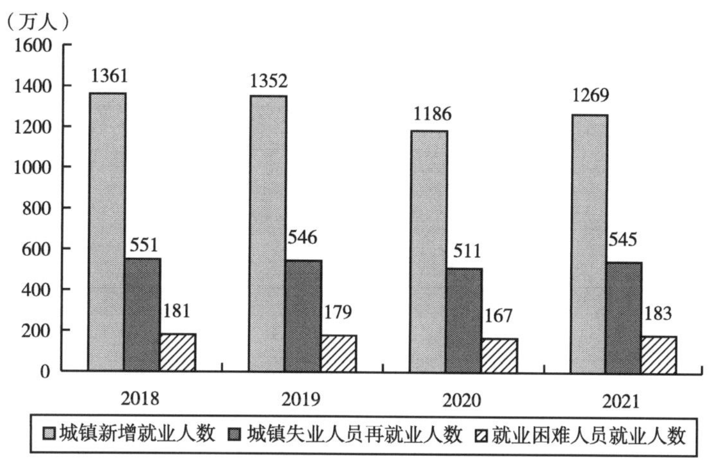

图2　2018—2021年城镇新增就业、失业人员再就业及就业困难人员就业人数

数据来源：Wind数据库。

二、就业的结构性挑战分析

近年来，我国就业一直保持总体稳定的态势，即使在疫情冲击之下，就业市场短暂波动后迅速恢复，保就业的宏观目标均能够实现。但经济结构转型升级、人口结构深刻变化叠加疫情影响，就业的结构性挑战有增无减，原有的结构性矛盾进一步凸显。

（一）劳动力供给与需求矛盾进一步强化

近年来，我国劳动力市场总体保持平衡，但就业总量压力持续增加，

2021年城镇新增劳动力仍在1500万人左右。另一方面，劳动力的供需矛盾也日益突出，2021年第四季度，岗位空缺与求职人数比率约为1.53，虽比三季度降低了0.05，但从中长期看，仍处于上升态势（见图3），说明我国劳动力市场正在发生深刻的结构性变化，劳动力供给结构滞后于产业结构转型升级。疫情流行与防控快速推动了新兴业态成长，产业形态变化大多是不可逆的。但劳动者成长是相对稳定的过程，教育培训事业发展变化也是渐进的。疫情加速劳动力需求变化，加剧了本来就存在的劳动力供需矛盾，固有的人才层次矛盾进一步强化，劳动力供给与需求进一步分化，高学历劳动者难以满足社会需求、低学历劳动者难以满足产业升级需求的现象更加严峻。

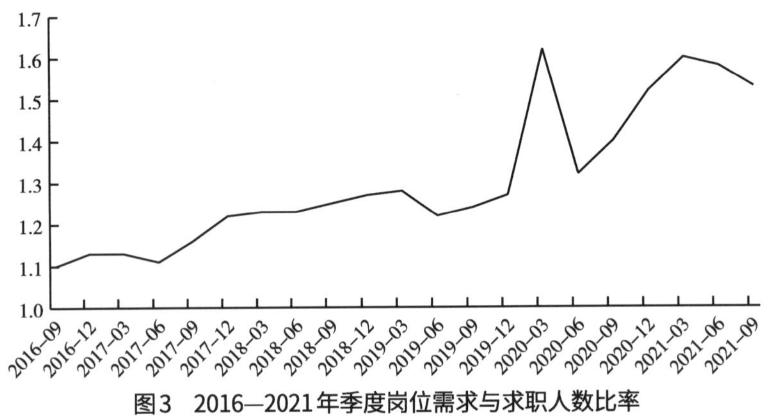

图3　2016—2021年季度岗位需求与求职人数比率

数据来源：Wind数据库。

这种供需矛盾导致了我国劳动力市场的就业难与招工难并存，特别是制造业招工难问题进一步凸显。一方面，劳动者的就业难度在增强，岗位竞争激烈、薪酬水平不达预期、劳动强度较大等感受在逐年强化。另一方面，受劳动者受教育程度提升、新生代农民工观念转变、服务业用工需求增加等因素影响，招工难问题一直难以改观。受疫情影响，大规模的农民工留乡或二次返乡，其中一部分通过灵活就业或在政策支持下实现就地就近就业，跨省输送劳动力供给减少，进一步加剧了制造业用工短缺问题。人力资源和社会保障部的有关数据表明，制造业、服务业技术技能人才的求人倍率超过2，也就是说，一个技术技能人才至少有2个岗位在等着他；南京大学的调查数据显示，江苏955家制造业企业中，46.5%的企业反映招工存在困难。

（二）青年群体调查失业率持续偏高

我国城镇调查失业率虽基本保持稳定，但在各年龄段间的分布是不平衡的。25—59岁人口失业率近年来保持了稳中有降的态势，说明这部分群体就业比较均衡；16—24岁青年群体失业率一直保持在较高水平且波动较大（图4）。2019年以来青年群体失业率总体呈上升态势，波幅较大则主要受高校毕业生每年年中进入劳动力市场因素影响。2022年，高校毕业生规模预计达到1076万人，同比增加167万人。高校毕业生规模首次超过千万，意味着就业压力更大。

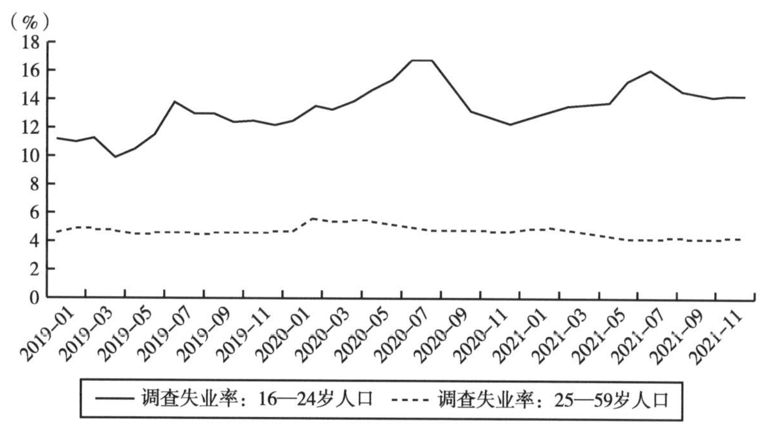

图4　2019—2021年分年龄段调查失业率

数据来源：Wind数据库。

（三）就业预期恢复后再次转弱

新冠肺炎疫情的影响仍未消除，供给冲击、需求转弱的态势仍未扭转，市场主体预期较弱仍是制约经济运行的主要因素，这在就业市场也有所体现。中国人民银行针对城镇储户的问卷调查表明，2021年一季度居民就业预期达到疫情暴发以来的相对高位后再次转弱，2021年四季度居民的收入感受指数、当期就业感受指数与未来就业预期指数较2018—2019年同期仍存在10%以上的差距（见图5）。居民就业预期较弱，会影响其投资与消费决策，进而在投资与消费端影响经济运行。

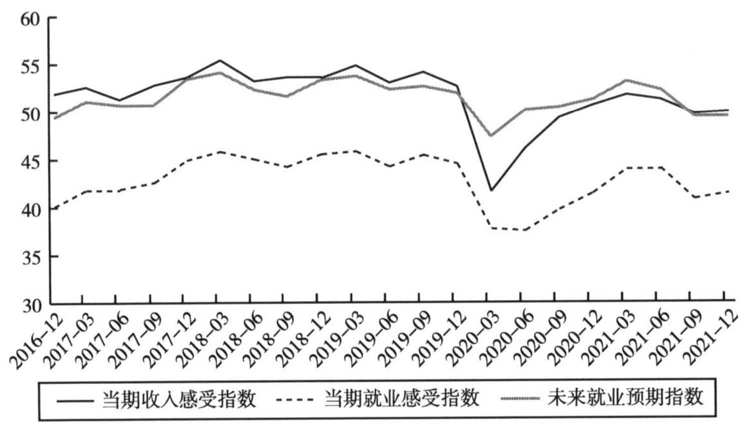

图5　2016—2021年季度居民收入感受、当期就业感受、未来就业预期指数

数据来源：中国人民银行城镇储户问卷调查。

（四）就业取向发生深刻变化

追求所谓“稳定”的固有就业观念以及民营企业在福利保障方面的弱势，使得劳动者特别是高学历人员，更倾向于进入政府、事业单位、国有企业工作，民营企业在就业市场的弱势一直存在。疫情防控期间民营企业裁员、降薪等不得已的举措，进一步强化了部分劳动者的“稳定”观念，更加坚定了部分劳动者进入所谓“体制内”的决心。部分城市街道办事处、中小学等政府机关或事业单位工作人员招录十分火爆，引发了社会的广泛关注与担忧。清华大学毕业生“签三方就业毕业生的单位性质分布”数据表明，自2013年以来，民营企业对清华大学应届毕业生的吸引力一度呈现迅速上升的趋势，但2020年又开始下降；外资企业一路“式微”；而越来越多的毕业生，又重新倾向于进入“体制内”。

三、着眼中长期的就业结构性矛盾优化相关公共政策

当前我国已基本形成了比较完备的就业政策体系，在促进充分就业目标实现中起到了重要作用，即使在受到前所未有冲击的情况下，仍基本保证了就业的稳定。但部分就业政策，主要着眼于短期的就业市场平衡，对于中长期的结构性就业矛盾化解依然乏力。为此，应长短结合、统筹施策，在保障短期就业数量目标实现的同时，更加关注中长期结构性就业矛盾的化解与就业质量的提升。

一是着眼于国家中长期经济社会发展战略优化人口管理政策，促进生育政策与人口流动政策更富弹性，减少劳动力供给与需求的错配。

二是在教育培训、社会保障等方面为“蓝领”劳动者提供更加具有针对性、成长性的公共服务，促进蓝领劳动者收入增加与社会地位提升，在逐步推动全社会就业观念转变的同时，为中长期的经济高质量发展提供更加适配的劳动力供给。

三是在完善最低生活保障、失业保险等兜底性社会保障政策的基础上，推动现有就业扶持政策由“授人以鱼”向“授人以渔”转变，适度减少直接性的就业补贴与资助，增加成长性与减少信息不对称的就业公共服务。

分报告十一：积极财政政策稳定持续发力，精准蓄势助力经济运行

执笔：刘天琦

一、2021年积极财政政策稳定、持续为跨周期调节发力

2021年，随着疫情得到控制和经济稳定向好，财政政策延续常态化“积极”，通过“减税降费”、增加支出规模和增加专项债发行额度等“减收、保支”措施实现积极财政政策跨周期调节，精准、有效助推经济稳步发展。一是加大减税降费力度，更加关注稳定市场预期和发展信心，2021年预计全年新增减税降费达到1万亿元。二是财政支出预调、微调，更加注重精准与效率。随着三季度以来经济下行压力有所加大、投资增速放缓，为加强跨周期调节，适应经济形势变化，财政支出逐步加大“后置”力度，相机调整财政支出节奏，合理加快地方专项债券发行使用和各项预算支出进度，扩大国内消费需求和带动社会投资，熨平经济短期波动。三是财政政策与财税体制完善相结合，助力跨周期调节。不断降低宏观税负，优化地方税制结构；以中期财政规划为抓手增强年度间政策和资金衔接；盘活财政存量资金等途径，依法依规将超收收入、结余资金等用于补充预算稳定调节基金。

二、财政收支增速趋于分化，财政收入稳步增长但不容乐观

如图1，2021年，随着我国经济的持续稳定修复，财政收入和支出总体保持正增长，全国一般公共预算收入和支出累计同比增速分别为10.5%和0.3%，收支增长相差10.2个百分点，较于前三个季度，这一增速缺口虽有缓解态势，但仍呈现2008年金融危机以来较为明显的分化趋势，尤其是2021年4月，财政收支增速缺口达到了21.7个百分点。

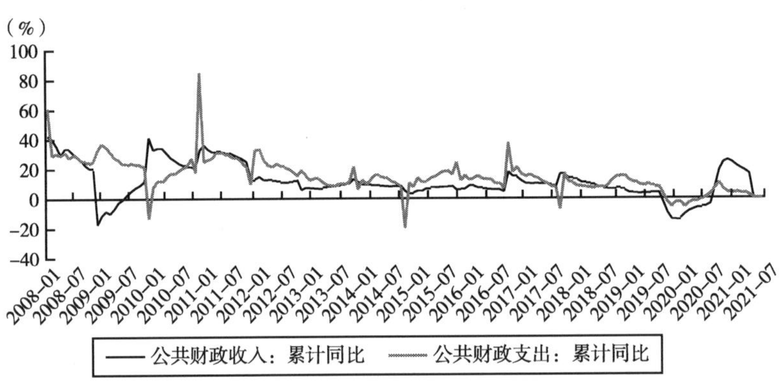

图1　2008—2021年一般公共预算财政收入和支出累计同比增速

（一）一般公共预算收入从回暖增长到渐入“冷冬”

如图2、图3，2021年，一般公共预算收入呈现“前高后低”态势。受疫情稳定经济快速修复影响，1—4月，一般公共预算收入月均达到20%以上的大幅增长，3月份当月增长最高达到42.4%。但受经济下行压力加大等原因，5月份开始，一般公共预算收入边际增速呈现明显回落，11月当月同比增速较5月下降了29.9个百分点。其中，税收收入的明显下滑是造成一般公共预算收入大幅下降的主因，11月，税收收入7983亿元，仅为10月15806亿元

的一半，而非税收入的下滑进一步加剧了这一态势。分税种中，受“减税”政策力度加大影响，增值税下滑较为明显。受房地产“冷冬”市场影响，契税、土地增值税、耕地占用税及城镇土地使用税当月同比增速全部落入负值区间。

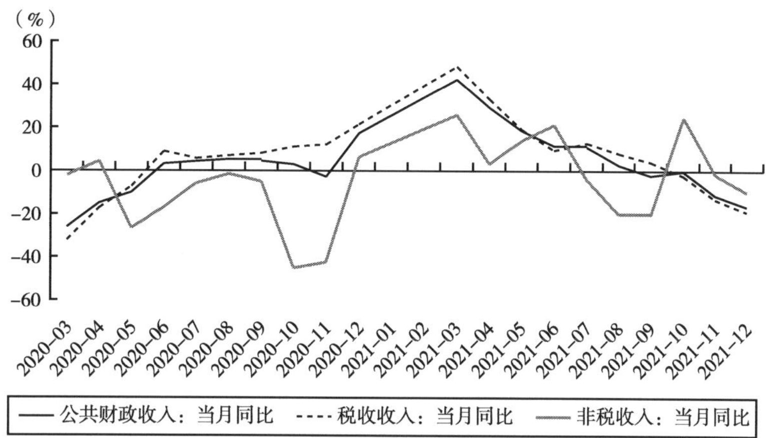

图2 2020年3月—2021年12月一般公共预算收入、税收收入和非税收入当月同比增速

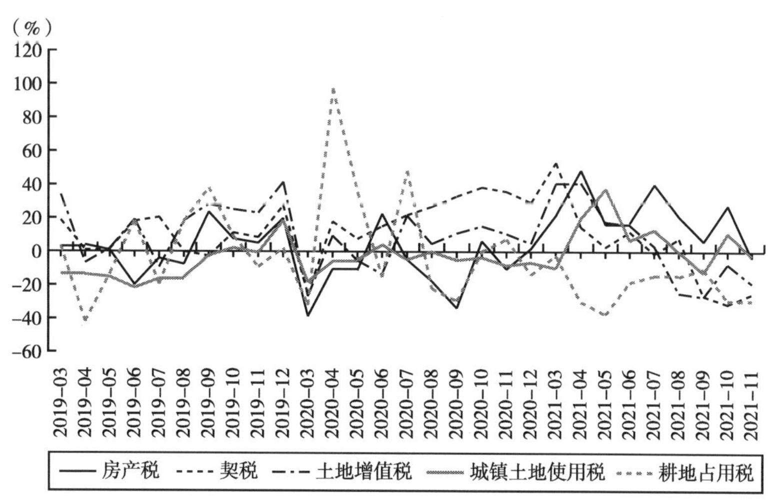

图3 2019年3月—2021年12月房地产相关税种当月同比增速

数据来源：Wind数据库。

（二）政府性基金收入增速“由正转负”，土地出让收入下行是主因

如图4，2021年一季度，延续2020年下半年的专项债发力和土地稍暖态势，以土地出让收入为主的政府性基金收入当月同比增速均呈正增长，但随着房地产市场的“遇冷”，土地成交拍卖量的迅速下跌，8月开始，土地出让收入呈现大幅下滑，11月土地出让收入的当月同比下降10%，较2020年、2019年同期分别下降43、28个百分点。受土地出让收入的拖累，全国政府性基金收入和地方政府性基金收入当月同比增速落入负值区间，11月份，政府性基金收入当月同比增速为-9%，低于同期2020年的27%、2019年的24%。

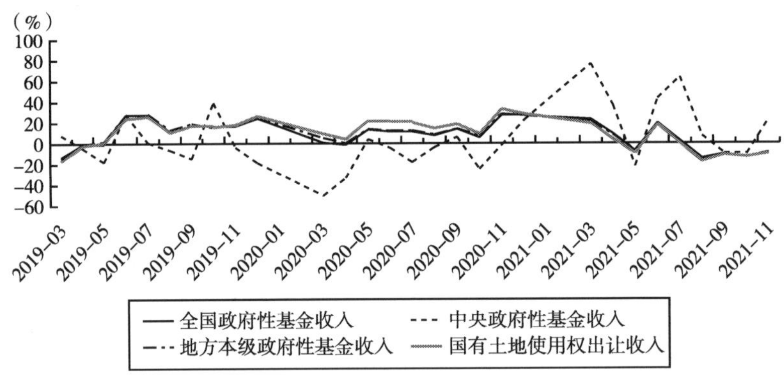

图4　2019年3月—2021年11月政府性基金收入当月同比增速

数据来源：Wind数据库。

三、财政支出“审慎”基调下更趋“后置”，积蓄发力状态明显

如图5、图6，2021年1—11月，中等口径下的财政支出304922亿元，累计同比增长0.5%。其中，全国一般公共预算支出213924亿元，累计同比

增长2.9%；全国政府性基金支出90998亿元，累计同比下降4.8%。受财政收入“前高后低”和支出政策“审慎”基调的影响，2021年，财政支出进度明显放缓，尤其是上半年，中等口径下的财政支出、一般公共预算支出、政府性基金支出等支出进度分别为47.4%、48.6%和44.1%，均不足年初预算数的一半。11月份，除一般公共预算支出进度85.5%，高于2020年同期的83.9%之外，中等口径下的财政支出总进度和政府性基金支出均明显低于2015—2020年同期水平。

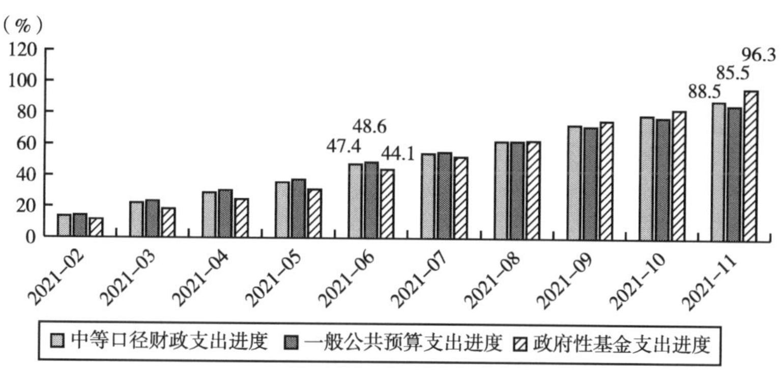

图5　2021年2—11月财政支出月度支出进度

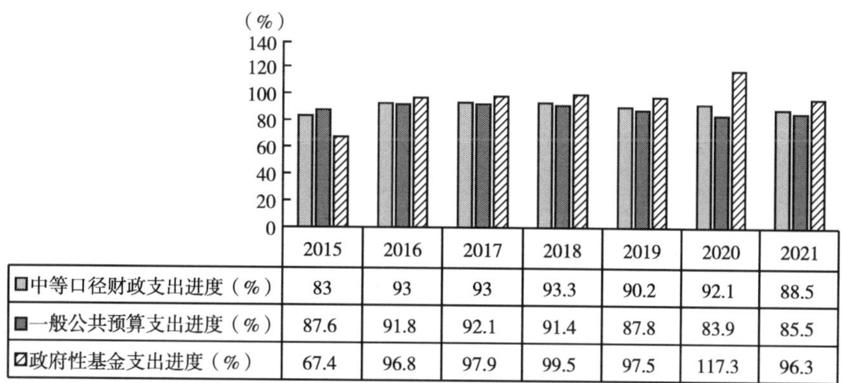

	2015	2016	2017	2018	2019	2020	2021
中等口径财政支出进度（%）	83	93	93	93.3	90.2	92.1	88.5
一般公共预算支出进度（%）	87.6	91.8	92.1	91.4	87.8	83.9	85.5
政府性基金支出进度（%）	67.4	96.8	97.9	99.5	97.5	117.3	96.3

图6　2015—2021年各年11月份的财政支出进度情况

数据来源：Wind数据库。

（一）财政支出呈后置发力态势明显

如图7，2021年10月开始，财政收入虽大幅下降，但财政支出力度明显加大。11月份，一般公共预算支出19963亿元，较10月份增加5295亿元，高于2020年的18407亿元，当月同比增速和两年复合增速分别为8.5%和12.1%，分别较10月提高5.5和1.4个百分点；政府性基金支出12843亿元，较10月份增加6061亿元，高于2020年的95553亿元，当月同比增速和两年复合增速分别为29.3%和32.4%，分别较10月份提高37.6和33.1个百分点。如图8，从11月财政存款余额来看，余额较11月份下降7280.5亿元，是2021年2月份以来当月存款余额减少的最高值，一方面是财政收入增幅减少的结果，另一方面也反映出财政支出后置发力的态势明显。

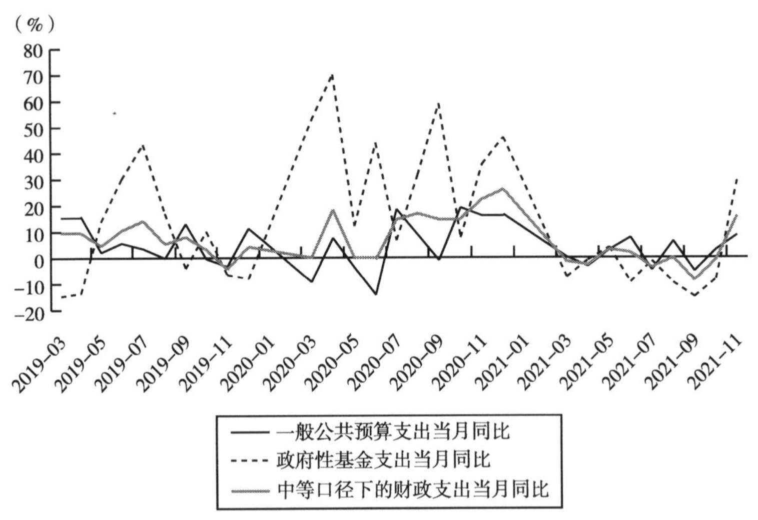

图7　2019年3月—2021年11月财政支出当月同比

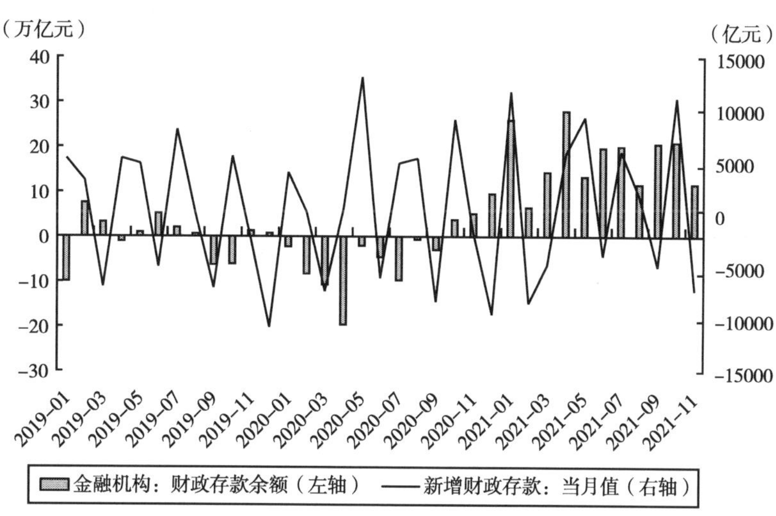

图8　2019年1月—2021年11月财政存款变动情况

数据来源：Wind数据库。

（二）一般公共预算支出重点仍为“保民生”

2021年，一般公共预算支出的重心仍聚焦于“六稳”“六保”和新发展格局，基建支出仍较疲软。如图9，1—11月份，教育、社会保障和就业、农林水事务支出成为一般公共预算支出中比重较高的支出，占比达到了15.1%、14.4%和8.6%。而教育、社会保障和卫生健康三项民生类支出，是除债务付息支出外，月均增速均为正增长的财政重点支出，累计同比增速分别为5.1%、5.9%和4.9%。以节能环保、城乡社区事务、农林水事务、交通运输为代表的基建类支出，自5月份以来，均为负增长，11月，四项支出累计同比增速下降7.1%、0.3%、4.9%和4.3%。但从10月份开始，基建类支出的下降幅度放缓，11月份的城乡社区事务、农林水事务、交通运输较10月份累计同比增速分别加快了0.6、1.1、0.1个百分点。

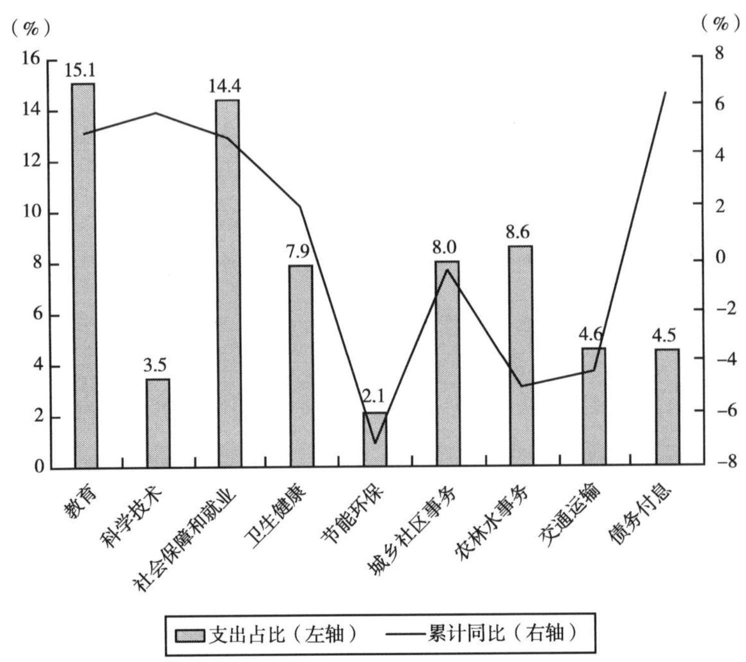

图9　2021年1—11月各项财政支出占比和累计同比增速

数据来源：Wind数据库。

四、地方财政收入增速逐步放缓，财政收支承压较大

如图10，2021年1—11月，中央和地方的财政收支分化趋于弱化，中央财政收入和地方本级财政收入的累计同比增速更为接近，分别为13.1%和12.6%；而财政支出方面更倾向于加大地方财政支出的力度，11月份，地方财政支出的累计同比增速较中央本级财政支出高出0.3个百分点。

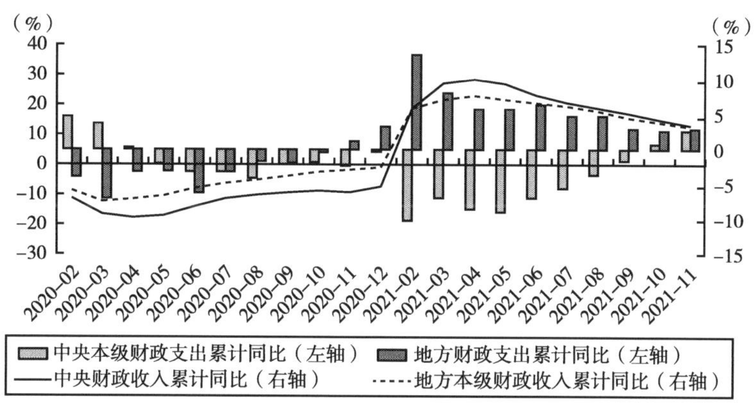

图10　2020年2月—2021年11月中央和地方财政收支累计同比增速

数据来源：Wind数据库。

（一）疫情等不确定性因素对地区财政收入影响显著

2021年1—11月，除西藏外，全国30个主要省份的财政收入累计同比增速实现了正增长①。其中，受去年疫情影响下基数低、今年大宗商品价格大幅上涨等影响，湖北、山西、陕西、海南、内蒙古等多地的财政收入增速均突破20%，山西、陕西两地的财政收入增速分别达到了28.3%和26.1%。而受今年疫情局部爆发等影响，上海、北京、广东等主要发达省份的财政收入增速呈现明显放缓，11月份累计同比增长分别为10.6%、10%和9.9%，均达到了2021年的最低点（图11）。各区域内的收入分化也较为明显，如图12，东部②区域内财政收入增速的分化现象相对更为明显，海南、福建、浙江等南方地区的财政收入较山东、天津、河北、辽宁和北京等北部地区更为稳定，

① 注：截至2022年1月17日，31个省份中，除河南、黑龙江、新疆、西藏外尚未公布2021年11月份财政收支情况，其他的27个省份已公布11月份数据，所以本文关于河南、黑龙江、新疆、西藏11月份的数据均为10月份的数据。

② 按照2020年国家统计局关于经济带的划分，东部、中部、西部和东北地区的具体划分为：东部地区包括北京、天津、河北、上海、江苏、浙江、福建、山东、广东和海南10省（市）；中部地区包括山西、安徽、江西、河南、湖北和湖南6省；西部地区包括内蒙古、广西、重庆、四川、贵州、云南、西藏、陕西、甘肃、青海、宁夏和新疆12省（区、市）；东北地区包括辽宁、吉林和黑龙江3省。

一定程度反映了这些省份相对稳定的经济修复能力。中部地区，山西、安徽等省份的财政收入增速高于江西、湖南、河南等省份，反映了今年以来这些地区的财政收入相对更为强劲。西部地区，与东部地区相反，所属北部地区的陕西、内蒙古、甘肃、宁夏财政收入增速高于重庆、云南、贵州和广西，一定程度反映出区域内北部省份的经济修复能力相对更强。而东北部地区，除黑龙江外，吉林、辽宁两省的财政收入增速都处于全国较低增速水平。

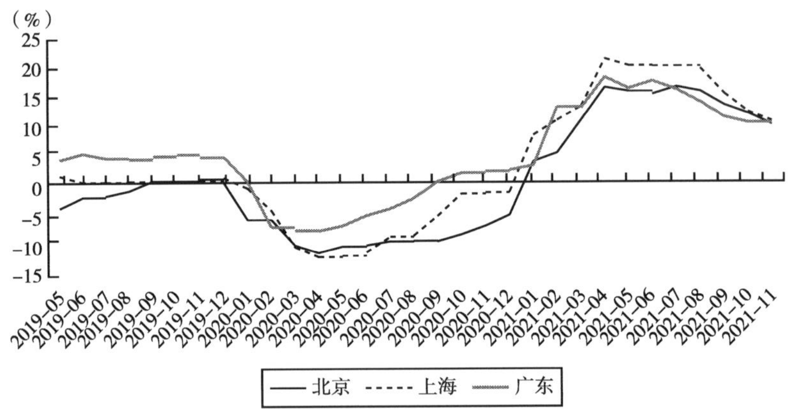

图11　2019年5月—2021年11月北上广三地财政收入累计同比增速

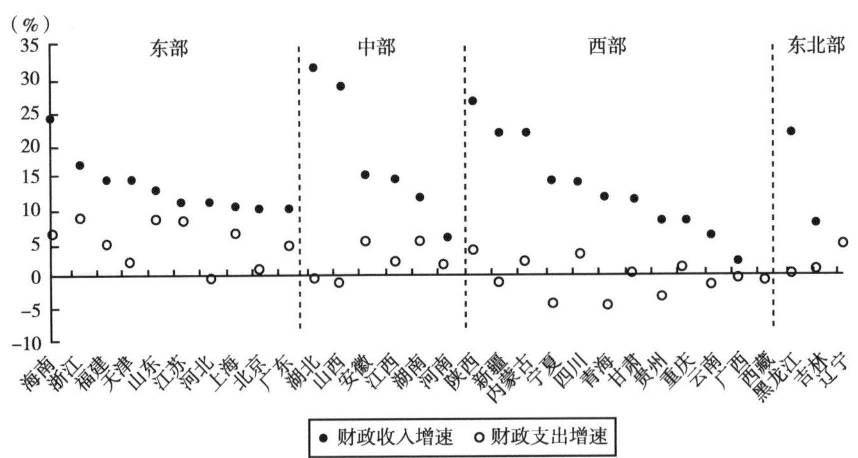

图12　2021年11月全国主要省份财政收支增速情况

数据来源：Wind数据库，中经网。

（二）地方财政收支紧平衡压力依然存在

2021年1—11月，多数省份的财政收支缺口规模日益增加。如图13，在各地财政收入同比增速“减缩”和支出增长“提速”的态势下，全国近一半的省份的财政收支缺口超过了3200亿元，如四川、湖南、云南、广西等省份，这些月均财政收入仅为200亿—300亿元；70%以上的省份财政收支缺口规模超过了1500亿元，远高于这些省份的月均财政收入。同时，如图14，较于2020年同期，部分省份财政收支缺口规模呈现较快增长，如江西、广西、海南、贵州、甘肃、青海等地。而这些省份多数财政自给率达不到50%，2021年1—11月，全国31个省份中，仅上海的财政自给率超过100%，北京、浙江、广东、江苏、天津、福建、山东、山西、重庆和辽宁的财政自给率超过50%，其余省份的财政自给程度均不到50%。随着2022年财政支出跨周期调节力度的加大，经济下行压力下财政收入的“紧缩”态势，预计多省份财政收支紧平衡形势将进一步延续。

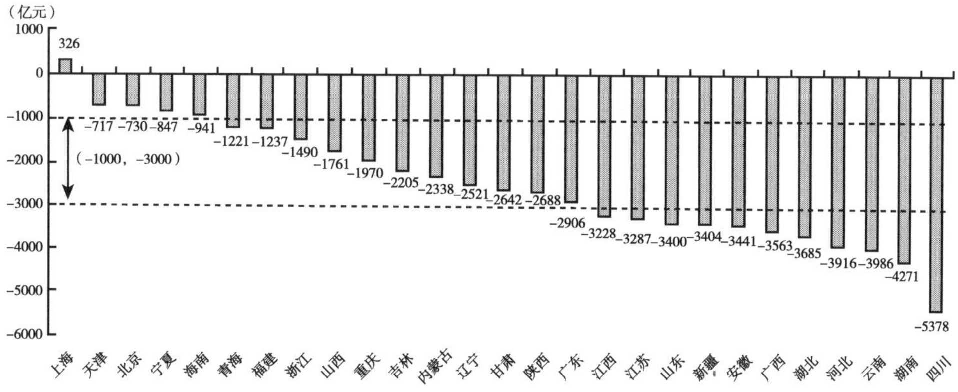

图13　2021年1—11月主要省份财政收支累计缺口

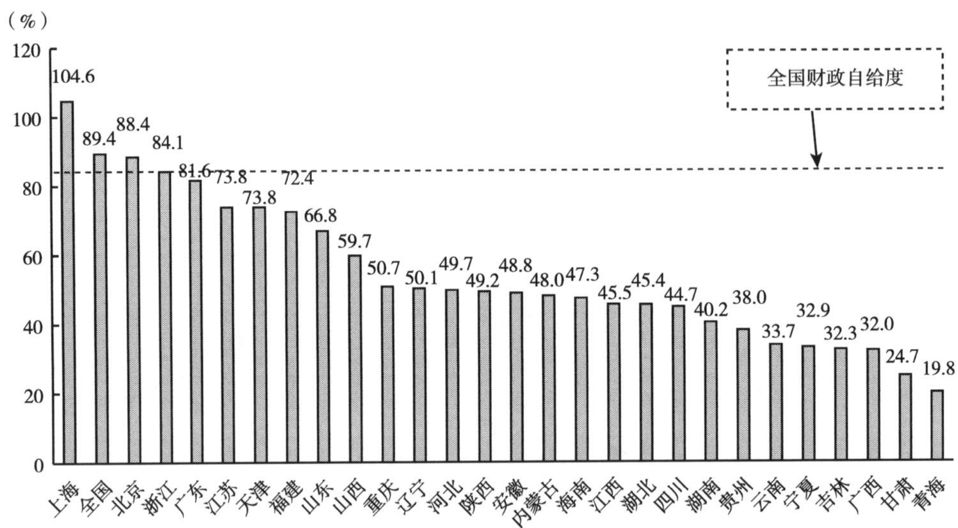

图14　2021年1—11月主要省份财政自给情况

数据来源：Wind数据库，中经网。

（三）地方偿债压力较大，进一步加大地方财政压力

2021年10月份，地方政府债务余额累计为296549亿元，中等口径下的地方财政收支缺口（一般公共预算收支缺口+政府性基金缺口）达到96097亿元，虽然较2020年财政收支缺口额有所缓解，但是地方政府债务余额与收支缺口仍高达392646亿元，同时，一般公共预算支出中的债务付息支出累计同比增速也继续呈上升态势，支出增速已数月位列各项支出的第一位，也间接反映出地方政府的偿债压力较大。与此同时，如图15，2021年，地方政府债券发行额7.5万亿元，较去年同期上涨28%，达到历年最高；2021—2023年是地方偿债的高峰期，分别有27758亿元、36589亿元和29522亿元需偿还，可见，地方政府的偿债压力仍较大。

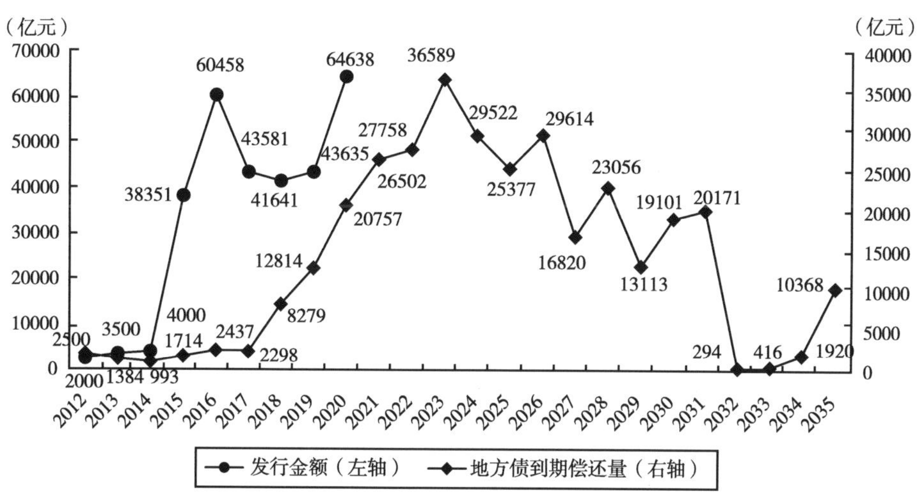

图15　2012—2035年地方政府债券发行额和到期偿还情况

数据来源：中国地方政府债券信息公开平台。

如图16，2021年1—11月，31个省份中，近3/4的省份政府债务余额较2020年呈现10%以上较快增长，西藏、广东、江西、新疆、河南、天津、山西、甘肃、山东、河北、重庆等地债务余额同比增长较2019年增长均超过了50%。在部分地区疫情相对趋于稳定的情况下，仍有部分省份2021年的债务余额同比增速要远超2020年，如北京、河北、内蒙古、吉林、黑龙江、上海、江苏、福建、江西、山东、湖北、湖南、广西、海南、四川、贵州、云南、西藏、甘肃、青海、宁夏和新疆等地，在2021年上半年整体发债进度放缓的情况下，部分地方政府债务规模仍不断扩大，反映出部分地方政府的财政收支压力仍较大。

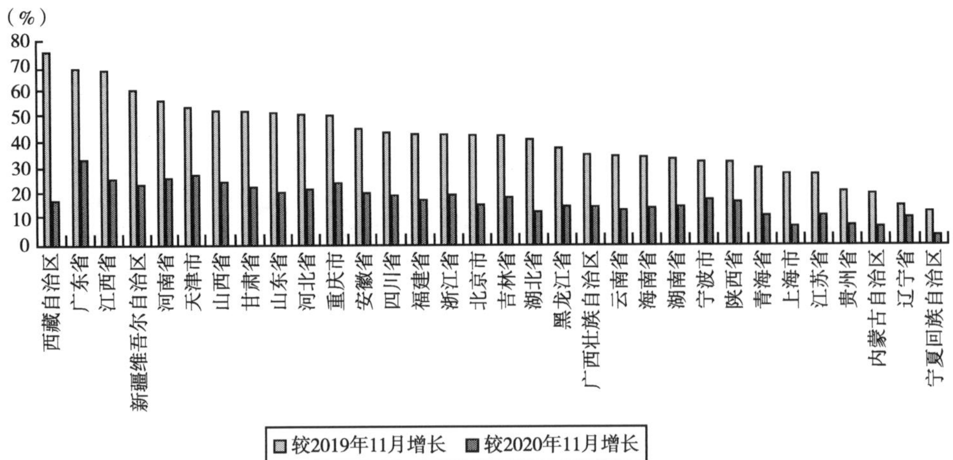

图16　2021年地方政府债务余额统计情况

数据来源：Wind数据库，中经网。

五、2022年财政收支形势展望

（一）积极财政政策蓄势待发，“减收”和“保支”政策仍为重点

2021年，积极财政政策精准有效，推动经济运行保持在合理区间；2022年，面对需求收缩、供给冲击、预期转弱的三重压力，积极财政政策将持续发力，“减收”和“保支”两项政策作为积极财政政策的主要措施，预计将继续发挥积极作用。其中，降低宏观税负、发挥税收再分配功能进一步激发市场活力已成为财政政策的主要思路，“减收”也将持续关注对市场主体的税费结构的优化与减免，重点加强对经济下行压力下中小微企业的纾困帮扶。“保支”政策是在保持适当支出强度，“尽力而为、量力而行”，在提高支出精准度的前提下，腾出更多的财政资源用于改善基本民生等重点领域，重点保障国家重大战略任务资金需求，发挥财政资金在科技创新、加快经济结构调整

和调节收入分配方面的重要作用。

（二）经济下行风险加大，预计财政收入增幅有限

2021年，受内需持续恢复动力依然偏弱，居民消费发展受多重因素制约，投资增长后劲有待增强等影响，财政“稳收入”开始承压。8月开始，全国一般公共预算收入呈现明显的边际回落态势，中央财政收入和地方本级财政收入当月同比下降了6.5和10.2个百分点；部分主体税种如增值税、个人所得税也出现明显的环比下滑，2022年，在“实施更大力度减税降费”的政策信号，财政可持续的前提要求下，预计税收收入的增幅有限。同时，部分省份如北京、天津、河北、上海、辽宁、吉林、江苏、浙江、福建、江西、湖南、广东、重庆、云南等多地财政收入增速连续4个月环比呈现明显下降，随着国际经济形势不确定性增大，疫情延续的散点暴发，宏观经济稳定修复压力预计持续存在，可能会进一步制约财政收入稳定增长态势。

（三）财政支出预计提速，基建支出有望成上半年重点

2021年，积极财政政策落实“提质增效，更可持续”的基调下，财政支出的进度有所放缓，支出进度的“减速”，一方面是无用、无效财政支出的压缩，各项财政支出使用效率的提高，财政支出更加关注“质”和“效”的现实表现。另一方面，也是严格化解地方政府债务风险，优化地方债管理的实施体现。2021年11月，以专项债为主要投资的基建支出当月同比增速下降7.3%，较10月进一步下滑。但是，随着2022年专项债资金的提前下达和项目储备的提前布置，预计专项债等各项财政支出将进一步发力，带动基建项目的加快实施。一是加快专项债新增限额下达进度，进一步保障财政支出的力度。2021年12月，提前下达了2022年新增专项债务限额

1.46万亿元，均高于2019年、2020年的8100亿元、1万亿元。二是提前筹备专项债项目、布置项目实施，加快专项债的落地。随着地方政府专项债跨部门协调机制的建立，项目用地、规划许可、环评、施工许可等办理审批手续的加快，各地征地拆迁、市政配套等开工前准备等前期工作的开展，以及地方财政部门对项目储备的提前布置，为地方政府预留了充足的时间，更早、更好地开展专项债工作，这也为解决专项债项目事前准备不足、开工进度慢等专项债落实痛点提供了强有力的技术支撑；在专项债将进一步发力与带动下，预计明年一季度或上半年基建投资将集中发力，落实基建工作的实物量。

六、政策建议

（一）财政政策与货币政策协调联动，提升政策整体效能

中央经济工作会议指出，要继续实施积极的财政政策和稳健的货币政策，财政政策和货币政策要协调联动。财政政策和货币政策是宏观调控体系框架的两大工具，对宏观经济运行，特别是社会总需求和总供给发挥着重要调节作用，两项政策的协调配合有助于充分发挥政策的组合效应，提高精准性和有效性。具体来看，一是要充分发挥结构性财政政策与货币政策的配合，助力经济平稳恢复。稳健的货币政策从总量上稳定货币供应，保持货币供应量和社会融资规模增速同名义经济增速相匹配，发挥结构性货币政策工具精准“滴灌”，结构性财政政策确保国家重点领域和项目的支持力度，推动经济稳定增长。面对“三重压力”，在既有的减税降费、专项债券、再贷款、再贴现等财政政策与货币政策基础上，进一步加强联动落实，精准发挥政策作用，

助力经济平稳恢复。二是政策“组合拳”助力市场主体纾困。当前市场主体仍面临较大的发展不确定性，亟需财政货币政策定向“输血”，除财政贴息贷款外，税收减免、转移支付等多种财政政策工具，与普惠小微企业贷款延期付息、支农支小再贷款、碳减排等货币政策工具协同发力，有效引导金融、财政资源支持小微企业、科技创新和绿色发展，共同推动我国经济迈向高质量发展。三是协同联动优化政府债务管理。财政政策要合理把握专项债发行节奏，保持市场流动性合理充裕，确保债券顺利发行；货币政策要引导金融服务保障重大项目合理融资需求；政策联动防范化解地方隐性债务风险，加强对地方政府、金融机构等主体监管，严堵违法违规举债融资“后门”，管控新增项目融资的金融“闸门”。

（二）财政政策从“量”向“质”转变，更加注重围绕增强市场主体活力

2021年，市场主体面临了宏观经济下行风险加大、微观大宗商品价格上涨冲击等前所未有的挑战，为缓解市场主体面临的困境，积极财政政策不仅继续实施降低增值税税率、增值税留抵退税、个人所得税专项附加扣除等制度性减税政策，还进一步加大了结构性减税和降费力度，2021年全年预计新增减税降费达到1万亿元。2022年，面对“需求收缩、供给冲击、预期转弱的三重压力”，亟待落实政策实施、强化更为精准的减税降费政策，以进一步缓解市场主体的资金压力、增强发展活力。一是政策不再只强调数量规模，还要重点着力优化政策落实机制，提升政策实施效果，让市场主体享有确切的获得感。二是要密切跟踪和结合宏观经济形势，考虑助企纾困发展的现实需要，进一步研究完善有关具体政策执行过程中存在的问题，精准、有效帮助企业获益，持续激发市场主体活力，促进经济平稳运行和高质量发展。三是中长期减税政策以优化税制结构为契机，充分利用税收的再分配调节机制，

健全直接税体系，降低劳动所得税负，合理调节高收入，取缔非法收入，平衡劳动所得和资本所得税负，促进社会公平正义，助力共同富裕。

（三）优化财政支出结构，提高财政支出的精准度和有效性

一是财政支出要重点支持经济薄弱环节。2021年，疫情局部暴发的情形下，我国经济恢复尚不平衡，结构性财政支出调整优化加大对薄弱环节的定向支持，是积极财政政策实现宏观调控的重点工作之一。2021年前三季度财政直达资金惠企支出3967亿元，惠及各类市场主体85.5万家，支持实体企业发展，2022年继续以市场主体为中心，将财政政策的着力点扎根市场主体，一竿子插到底，财政支出要重点支持制造业、中小微企业等经济薄弱环节，保市场主体以保就业和保民生。二是保证财政支出强度的前提下，财政支出进度加快与效率提升需同步。继续推进“有增有减”的财政支出结构优化，支持重大项目和薄弱环节的同时，还要加强对财政支出进度放缓的关注继续转向对财政资金使用效率与效果的提升，继续推进“资金跟着项目走”，重点关注项目资金使用的质量与效能，推进财政支出改革的“有增有减、突出重点”，促使积极财政政策循环有效。

（四）完善地方政府债务管理，地方专项债加大对重点项目支持

2021年末中央经济工作会议指出“坚决遏制新增地方政府隐性债务”，防控地方政府隐性债务风险、加强隐性债务治理仍是2022年财政工作关注的重点。当前，地方政府专项债及基建类支出进度慢的原因，一方面是地方债务监管趋严下，符合要求的项目不足，另一方面是政府依靠地方投融资平台的惯性思维，地方政府为基建融资、寻求社会资本合作的动力有限。为解决合意项目不足、融资动力有限的问题，建议：一是基建等项目选取可与

“十四五”重点项目规划相匹配，优先将专项债资金转向中长期重点和重大项目，以加快落实项目的实物工作量。二是伴随专项债还本对再融资债券的依赖度越来越高，为提高地方政府项目融资和实施的积极性，建议调整地方政府新增债券结构，将部分专项债额度向一般债挪腾，或可更好管控地方债务风险和提高资金使用效率。

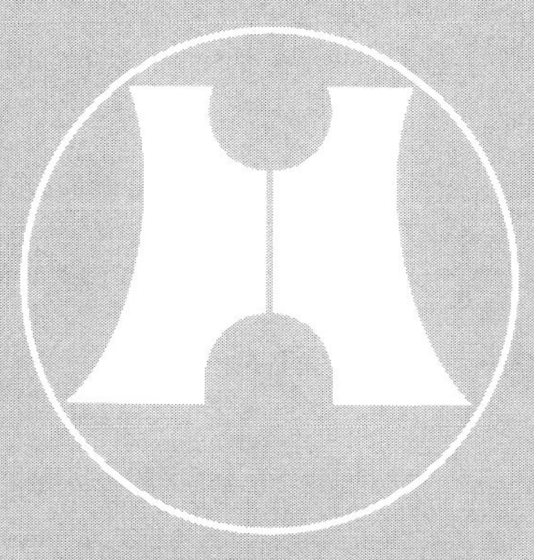

分报告十二：国内货币政策稳中有松，关注海外政策调整的冲击

执笔：李承怡

2021年，疫苗研制成功并在全球范围内广泛使用，使得全球疫情形势总体向好，但病毒的不断变异导致疫情持续期不断延长。发达经济体经济复苏相对较为强劲，发展中经济体则在疫情中艰难恢复，下半年以来，国际组织下调了对今明两年全球经济增长的预期，显示全球经济复苏进程放缓①。疫情暴发以来，发达经济体货币政策和财政货币持续极度宽松，全球资产价格和通胀压力全面凸显，需警惕美联储政策转向的外溢效应。

一、国内货币政策稳中趋松，结构性货币政策工具作用重大

2021年，随着外需和经济动能的逐渐恢复，整体来看中国经济全年呈现了复苏态势。但随着疫情反复和极端天气的出现，大宗商品价格的高企，房地产和碳减排等结构调整政策的叠加，宏观经济下行压力在下半年持续显现，经济复苏进程有所放缓。

① 根据国际货币基金组织（IMF）10月份发布的《世界经济展望》报告，2021年世界经济增长预期为5.9%，较7月份预测下调0.1个百分点；其中，发达经济体增长5.2%，较7月份预测下调0.4个百分点；新兴市场和发展中经济体增长6.4%，较4月份预测下调0.3个百分点。

（一）经济平稳运行难度加大，下半年货币政策适度发力

2021年上半年货币信贷政策整体收紧，直至四季度边际放松。2021年上半年，央行逐步引导货币政策回归常态化，自前一年三季度以来，广义货币供应量（M2）持续减速下行，9月M2同比增长8.3%，较前一年同期回落2.6个百分点，甚至低于2019年同期水平，显示出货币政策明显收紧（详见图1）。但下半年中国经济下行压力凸显，货币政策适度发力。12月7日，央行宣布下调支农、支小再贷款3个月、6个月、1年期利率0.25个百分点；15日，继7月15日后央行第二次宣布全面降准0.5个百分点；20日，全国银行间同业拆借中心公布1年期LPR报价下降5个基点，系时隔20个月的首次调整，央行综合运用多种政策工具支持实体经济运行，货币政策稳中趋松的态度越发明朗。2022年1月17日，央行再次下调1年期MLF和7天逆回购利率10个基点，进一步释放“宽货币”信号，体现了当局“稳增长”的决心。

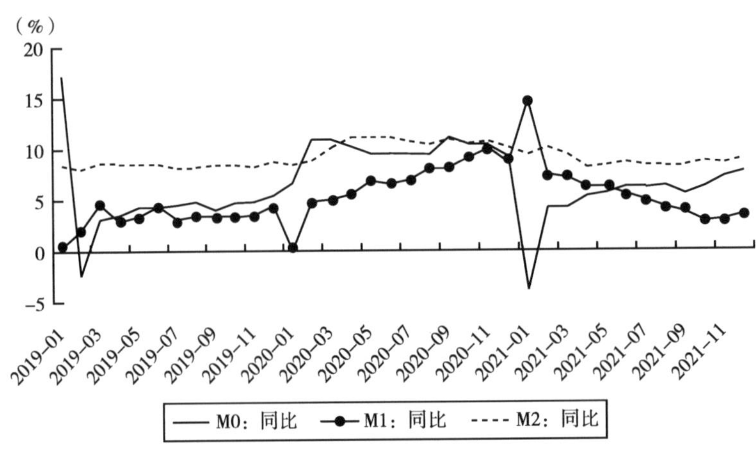

图1　货币供应量情况

数据来源：Wind数据库。

货币财政齐发力，M2、M1增速回升。12月，M2同比增长9.0%，环比上升0.5个百分点；11月以来，M1增速连续2个月改善，增速下跌近1年后再次迎来上行拐点，反映出居民与企业将存款活期化的行为，居民端主要缘于元旦节前消费需求增加，企业端则在于财政资金拨付到位（见图1）。12月社融口径下政府债券融资超万亿，同时财政存款减少1.03万亿，政府债券大量发行的同时财政支出持续提速，一定程度上缓解了非政府部门现金流紧缺的问题，带动M1与M2同比增速共同上行。

政府债发行提速，支撑社融规模回升。12月新增社融规模2.37万亿元，同比多增6490亿元，社融存量同比增速10.3%，环比提升0.2个百分点。从分项上看，政府债券融资1.17万亿元，同比多增4548亿元，为最大拉动项。2021年财政政策发力时点靠后，与前一年节奏形成错位，政府债券发行的同比增量明显扩大。其他分项上，企业债券融资和非金融企业境内股票融资持续增长，合计直接融资同比多增2680亿元；表内融资为社融增长的主要拖累因素，人民币贷款同比少增1108亿元，贷款需求不强是“宽信用”的一大拖累因素（详见图2）。

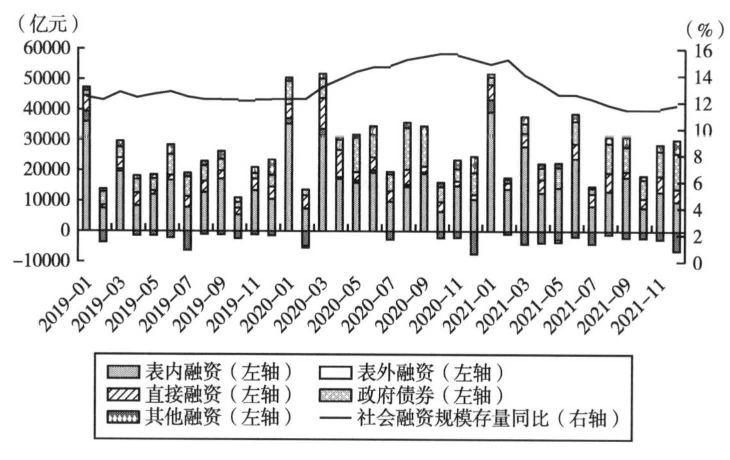

图2　社融存量增速与每月新增社融结构

数据来源：Wind数据库。

（二）结构性货币政策发力，但未止住贷款需求下滑

贷款方面，前三个季度，结构性货币政策发挥重大作用，新增绿色、小微企业和农户贷款同比多增3.1万亿元（分别同比多增1.5万亿元、1.1万亿元和1400亿元），成为社融和贷款的重要支撑。但居民与企业融资需求疲软，新增信贷同比回落。尽管有结构性货币政策的支持，银行风险偏好与实体经济信贷需求仍然偏低。12月，新增人民币贷款1.13万亿元，同比少增1300亿元。从结构上看，票据融资仍为支撑项，同比多增746亿元，年末信贷投放进入尾声，银行依靠票据融资补足信贷规模的迹象十分明显；企（事）业单位中长期贷款的拖累作用仍然最明显，同比少增2107亿元；居民短期贷款和居民中长期贷款合计同比少增1819亿元（详见图3）。同时，四季度中国人民银行开展的银行家问卷调查显示，贷款需求指数仍然呈现下行态势，表明实体融资需求仍然较为疲弱。

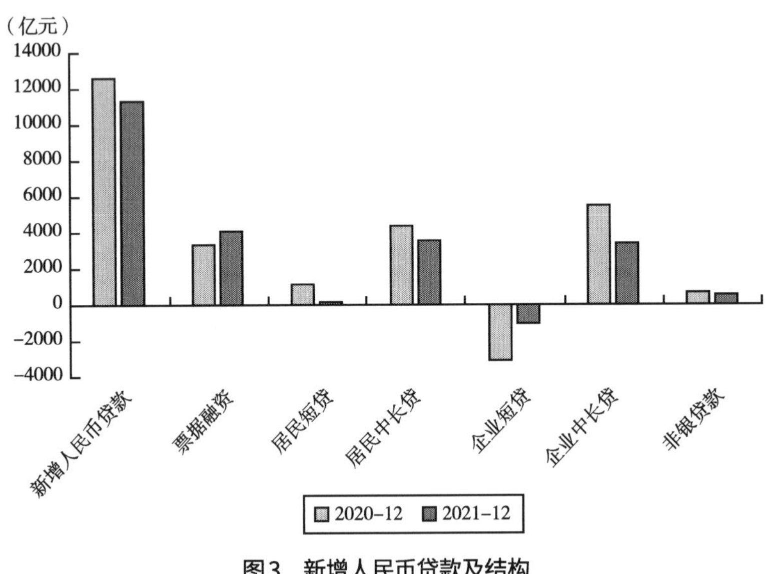

图3　新增人民币贷款及结构

数据来源：Wind数据库。

总地来看，新增人民币贷款同比少增主要有三个方面的因素。一是，2020年末企业融资需求加大带来的高基数效应，以及2021年下半年在疫情反复、限产限电、原材料涨价等多重因素扰动下，经济下行压力加大导致的企业融资需求减弱，进而导致企业中长期贷款放缓成为主要拖累项。二是，房地产市场仍未恢复。尽管8月份以来，多个地市商业银行对居民端的住房信贷有所放松；10月21日，银监会表示在贷款首付比例和利率方面对首套房购房者予以支持，但强监管的影响仍未完全消除。12月，居民中长期贷款同比少增，中断了此前连续2个月的同比多增，反映房地产市场尚未有效回暖。三是，下半年以来，本土疫情持续多点散发，社交限制也在一定程度上影响了居民消费，进而对居民短期贷款产生拖累。

（三）人民币汇率出现两大背离

2021年4—5月，人民币即期汇率从6.57一路升至6.36，5月31日央行首次宣布上调外汇存款准备金率后，人民币汇率开始阶段贬值。8月下旬以来，人民币再次开启升值，截至12月31日已从6.5升至6.38，创下近三年多以来新高。12月9日，央行年内第二次上调外汇存款准备金率，美元兑人民币汇率基本稳定在6.37左右，预示人民币这一波升值阶段性结束（详见图4）。

今年以来人民币走势的两大背离引起广泛关注，一是人民币汇率与美元指数相背离，一般而言美元指数走强对应人民币走弱；二是人民币汇率的强势与经济相对弱势的背离，一般而言经济下行压力加大对应着汇率的走弱。此次人民币汇率出现两大背离是多方面原因造成的。首先，三季度美国加息预期显著上升，导致其他发达国家货币明显贬值，而欧洲疫情的反复则让欧元更加弱势，欧元在美元指数中权重很大。其次，9月以后中国贸易顺差明显上升，出口仍有韧劲，使得人民币汇率显著强于其他新兴市场经济体的货币，人民币升值最直接的推动力来自中国的强势出口。

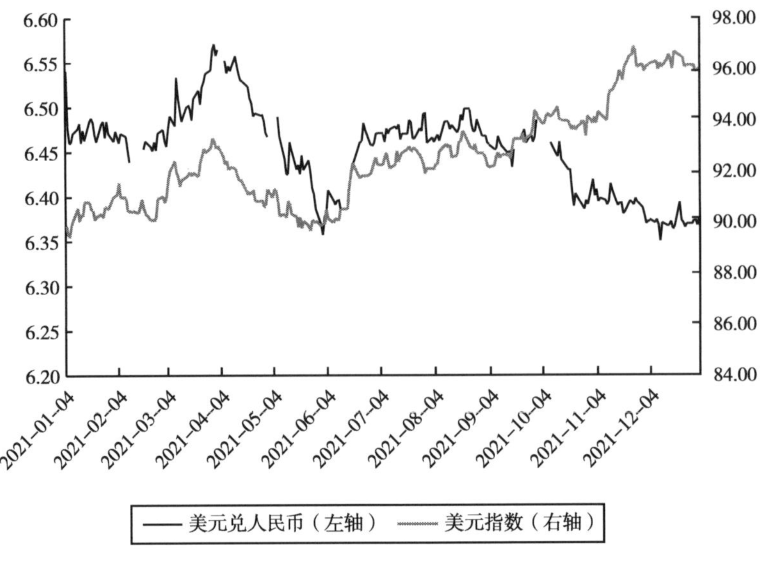

图4　人民币汇率走势

数据来源：Wind数据库。

二、海外通胀进一步升高，加息预期产生分化

尽管疫苗研制成功并在全球范围内广泛使用，但病毒的不断变异导致疫情持续期不断延长，世界经济在稳步复苏中出现分化和放缓趋势，增长预期不断下调。疫情以来，世界主要经济体为应对新冠疫情，实施了一系列超常规宽松政策，在推动各国经济复苏的同时，也带来了财政赤字恶化、通胀压力上升、债务风险加剧等一系列问题。IMF数据显示，2021年，全球有80多个国家和地区通胀率创下近5年来新高，预计全球整体通胀率将达到4.3%，创近10年新高。通货膨胀给全球经济恢复带来压力，多国央行选择加息以应对通胀。

（一）美联储加速启动Taper，加息进程或将加速开启

美国11月CPI同比增长6.8%，创下近三十年来新高，由于通胀压力加大，失业率降幅超预期，11月美联储宣布启动缩减资产购买（Taper），会议提出11月减少资产购买规模150亿美元，12月再减少约150亿美元，并表示后续每个月都可能缩减150亿美元的购债规模。

12月，美国通胀继续升温，CPI同比上涨7%，创近40年来的新高；剔除波动较大的食品和能源价格后，核心CPI同比上涨5.5%，创近30年来新高（详见图5）。作为回应，多位美联储官员表示将赞成3月加息，对后续货币紧缩的看法也变得愈发鹰派。根据12月的议息会议声明，美联储从2022年1月开始加速缩减购债规模，规模将提速至每月减少300亿美元，到3月中旬结束本轮量化宽松，较11月议息会议规模进一步加大。同时，点阵图显示大部分美联储官员（17人）认为2022年应加息3次，部分美联储官员希望在加息后不久开始缩表。

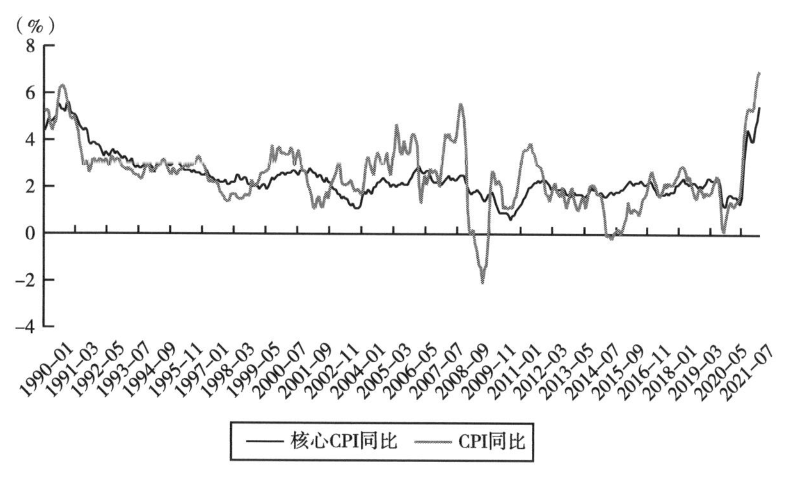

图5 美国CPI增速

数据来源：Wind数据库。

美国目前面临严峻的通胀压力，美联储需要采取更迅捷的行动来抑制通胀。在1月1日召开的参议院听证会上，美联储主席鲍威尔表示，如果美国高通胀持续的时间比预期长，美联储将不得不更多次加息。因此，美联储可能最早于3月结束资产购买时就启动加息，预计年内共加息3次左右，并且可能将在下半年开始缩减资产负债表，紧缩节奏将明显加快，但未来加息时间与频率仍将受到疫情形势和就业数据的影响。

（二）欧洲经济复苏偏缓，欧央行态度相对温和，不急于紧缩

2021年，随着欧元区经济复苏，物价水平快速上涨，据欧盟统计局数据，欧元区12月CPI年率达5%，创下1991年欧盟成立以来的历史新高。但相较于美国，欧洲经济复苏偏缓，尽管当前欧元区通胀水平仍然较高，但欧央行依旧没放弃“暂时性通胀”一说，始终认为由供应链问题引起的通胀驱动因素大多是暂时的。12月16日，欧央行货币政策决议会议宣布，2022年一季度的紧急抗疫购债计划（PEPP）的购债规模将较2021年四季度放缓，PEPP至少持续到3月。但同时，为了对冲PEPP缩减的影响，将从2022年第二季度开始将常规资产购买计划（APP）的购债速度从200亿欧元提高至400亿欧元，并在第三季度下调至300亿欧元。整体而言，欧央行维持其一贯的审慎基调，确保疫情期间的超宽松货币政策逐渐平稳退出。

（三）新兴市场经济体被动加息，金融脆弱性凸显

新兴市场经济体在疫情中艰难恢复经济，印度疫情持续反复，俄罗斯经济缓慢复苏，南非经济持续不容乐观，越南经济从高增长急剧转向停滞。部分国家面临外汇储备不足、外债占比过高、短期负债比重较大等多种考验，金融脆弱性凸显。此外，通货膨胀给全球经济恢复带来压力，通胀加剧迫使

多国央行加快货币紧缩步伐，包括巴西、俄罗斯、墨西哥、波兰、委内瑞拉在内，全球已有至少27个国家在2021年先后宣布加息。

三、风险点分析

（一）货币政策需做好应对美联储“加息缩表”风波的准备

随着美联储加快收紧货币政策，美元指数将波动反弹，资本将面临大量外流，未来越来越多新兴经济体也将被迫加入加息阵营，汇率贬值、债务违约、资本市场动荡等金融波动风险加大，在疫情仍存在不确定的背景下，都将进一步加剧经济复苏难度。但我国央行从2020年下半年就开始启动货币政策正常化进程，节奏明显早于美联储，且在今年7月就已针对美联储货币政策收紧做出了前瞻性政策安排。2022年国内货币政策稳中有松是大方向，在未来中美货币政策错位背景下，监管当局可通过强化跨境资金流动性宏观审慎管理的方式，控制人民币汇率因国内外货币政策差异可能导致的波动，为国内稳增长、防风险创造有利的货币金融环境。

（二）监管趋严下房地产行业信用风险或将加速释放

自2020年下半年“三条红线”、2021年初银行业金融机构房地产贷款集中管理以及上半年“集中供地”等政策制定出台以来，中国房地产市场持续处于较为严格的监管环境之中。监管政策的趋严使得房地产行业外部融资受到了明显限制，而“集中供地”政策又进一步压缩了房地产企业的营利空间，对企业资金调配和经营能力提出了极大的挑战。12月，包括按揭贷款在内的房地产开发贷款余额占GDP的比重达37.04%，剔除居民部门的按揭贷款后，房地产企业所承担的债务压力依然突出。在此背景下，地产企业债务风险呈加速释放态势，今年以来华夏幸福、蓝光、恒大等大型地产企业相继在公开债券市场发生违约。据中诚信国际统计，前三季度地产债券违约共计544.5亿元，较去年同期大幅度增加了432.4亿元。在当前疫情风险犹存、经济修复基础尚不稳固的背景下，要注重房地产行业风险缓释的节奏和力度，避免行业超预期爆发大规模债务风险从而引发系统性风险。

四、政策展望：货币政策将稳中有松，总量和结构性工具并举

12月，中央经济工作会议重提“逆周期”调控，前期货币信贷政策偏紧的局面有所松动，2022年“稳增长”成为政策的主线，货币政策将稳中有松，总量和结构性政策工具并举。

（一）增强信贷总量增长的稳定性，助力综合信贷成本降低

结构性货币政策发力亦需总量宽松，小微、普惠和绿色贷款等结构性政策工具是2021年央行信贷扩张的主要手段，分别占前三季度新增贷款的37%、6%和17%。但对小微、绿色和科技创新的信贷支持更多是通过引导方式，进一步优惠政策的空间有限。因此仍需要通过保持信贷总量稳定增长、畅通信贷渠道、持续释放LPR改革等总量宽松政策来促进企业综合融资成本稳中有降。在新的“稳增长”政策基调下，货币政策将稳中有松，保持信贷总量稳定增长，维持市场流动性合理充裕，并有望助力社融增速企稳回升。

（二）继续用好结构性货币政策工具，强化对小微企业、科技创新、绿色发展的“精准滴灌”

货币政策需要在总需求不足和结构性问题固化之间找到平衡点，面对当前经济分化的格局，货币政策更强调灵活适度，需继续用好结构性货币政策工具。一方面，货币政策的边际宽松带来的增量资金需优先向中小微企业等重点领域和薄弱环节投放；另一方面，在总量政策无法保证精准、直达时，通过直达性政策对小微企业和科技创新等薄弱环节“精准滴灌”，防止经济进一步分化。同时，通过绿色货币政策工具进一步加大对绿色发展的支持，启动经济新增长点，对冲经济下行压力。

（三）完善宏观审慎调控框架，注重稳增长与防风险的动态平衡

在“稳增长”政策主线下，防范化解重大金融风险仍然任重道远。宏观调控政策需要注重稳增长与防风险之间的动态平衡，既要避免因防风险而忽略了经济基本面的修复，也要避免为稳增长出台强力的刺激政策而引发债务风险，还要避免防风险力度过大、过急而导致局部风险急速释放向其他领域蔓延从而引发系统性风险。在防控和处置金融风险过程中，要坚持稳增长与防风险并重，坚持市场化法治化原则，在落实企业自救主体责任的前提下，各行业主管部门、监管部门和地方政府共同配合处置，厘清并压实各方责任，避免风险链条传递和引发社会问题。

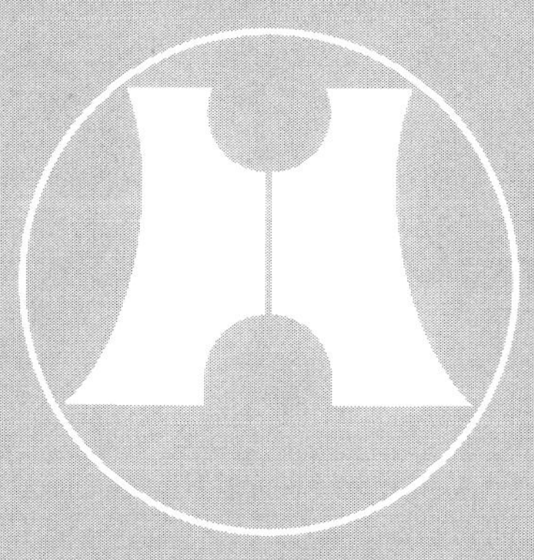

分报告十三：美国经济温和修复，基建投资或成就业创造新支点

执笔：刘　帅

一、美国经济温和回暖，财政支出重点转向基建投资

（一）经济持续恢复，财政收入稳步增长

受新冠疫情冲击，2020年美国实际国内生产总值萎缩3.5%，创1946年以来最大年度跌值。从GDP贡献分项数据来看，个人消费支出下降3.9%，企业投资、出口以及固定资产投资遭到不同程度的破坏，连续6个月制造业和服务业PMI水平处于50%以下。2020年上半年，联邦财政收入处于下行态势，同比增长一度跌破-50%。尽管下半年财政收入有所回升，但仍处于“低洼”区间。如图1，与2020年相比，2021年美国经济持续回暖，制造业与服务业PMI均值处于50%以上，联邦政府财政收入恢复甚至超过2019年同期水平。随着拜登政府救助计划和经济纾困计划的落实，制造业与服务业温和复苏，复工复产稳步推进，加之前期未释放的消费潜力支持经济复苏，财政收入增长高于疫前同期水平。

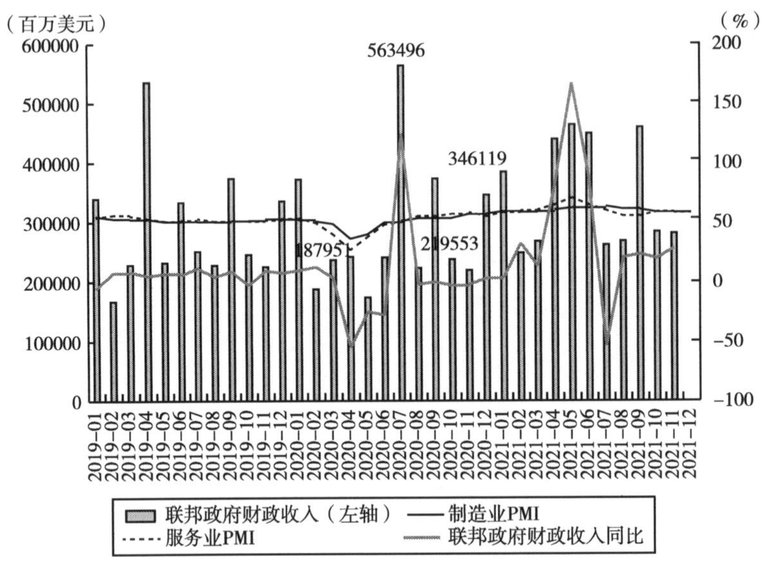

图1 美国联邦财政收入与制造业服务业PMI

数据来源：Wind数据库。

（二）就业形势明显改善，缓解财政支出压力

如图2、图3，与2020年相比，2021年美国就业形势明显改善，减轻了联邦财政失业救济支出压力。其中，2020年4月以来，新增登记失业人数持续处于负值区间，登记失业人数从峰值开始大幅下降。失业率从2020年初的6.4%持续下降到2021年的3.9%，失业人数由2020年4月最大值2303.8万人持续下降到2021年12月的631.9万人。持续领取失业救济金人数持续减少，从峰值时2491.2万人（2020年5月9日）持续下降到175.4万人（2021年12月25日）。当周初次申领失业救济金人数由2020年3月28日686.7万人下降到2022年1月1日20.7万人，失业救济补贴规模不断缩小，减缓了财政支出规模及增速。美联储主席鲍威尔在北京时间12月16日凌晨的讲话中提到，经济在实现最大化就业方面正迅速取得进展，预计2022年将实现充分就业，届时财政支出规模有望回落到

疫情前同期水平。但最新数据显示，2021年12月非农部门新增就业人数仅为19.9万，远低于市场预期水平。由于变异新冠病毒奥密克戎毒株仍在美国持续，休闲与酒店业、专业和商业服务业新增就业人数虽有所改善，但仍低于疫前3.5万的水平。就业市场上，劳动力需求依然强劲，空缺职位有所增加，工资水平尤其是低技能工种薪资上涨尤其强劲，但就业者对疫情和儿童保育等担忧成为阻碍就业市场持续改善的制约因素。因此，美国就业暂时难以恢复到疫前水平，也将从生产和消费两端进一步拖累联邦财政支出规模进一步扩大。

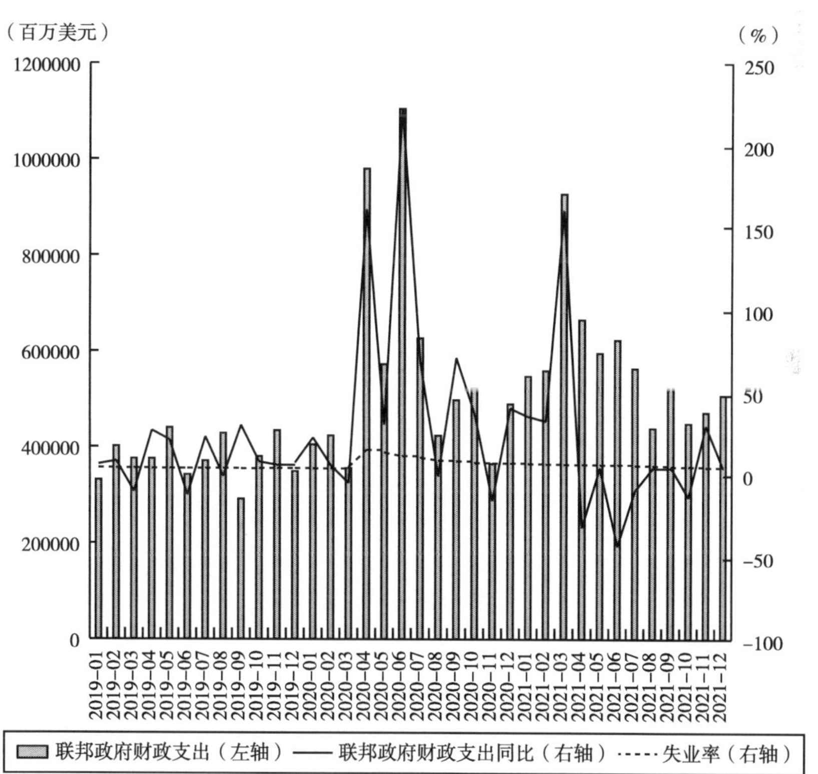

图2　联邦政府财政支出与失业率

数据来源：白宫预算办公室与劳工部。

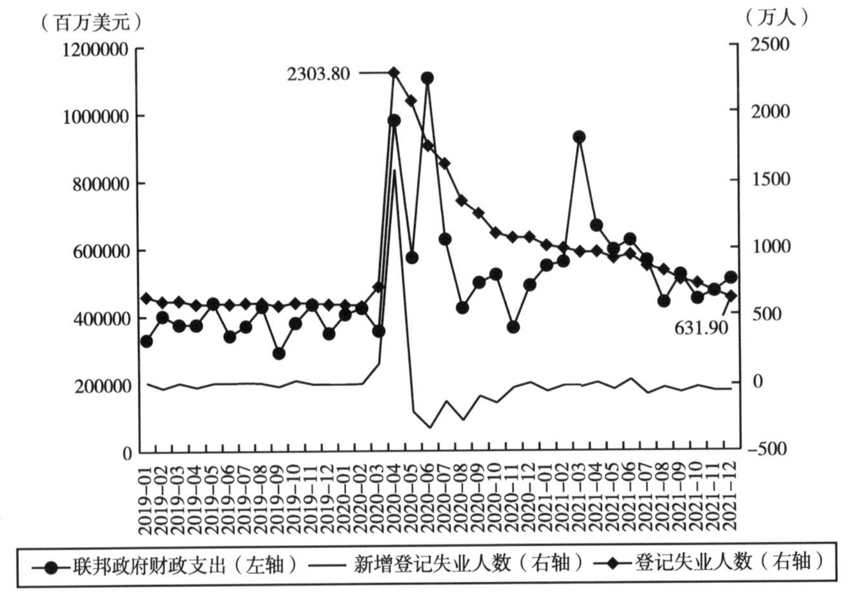

图3 联邦政府财政支出与登记失业人数

数据来源：白宫预算办公室与劳工部。

（三）财政支出重心调整，逐步转移到提振经济上来

从特朗普执政末期到拜登上台以来，美国联邦财政支出结构重心几经调整，从疫情防控、患者救助、失业帮扶，逐步转向重振经济。尽管特朗普签署了2.3万亿美元新冠疫情纾困法案和避免政府“停摆”的大规模支出法案，但有关新冠纾困方案拨款仅有0.9万亿美元，1.4万亿美元支出仍注重政府运营，表明疫情暴发初期财政支出重点在于保障联邦政府有序运转。与之相对，拜登政府通过加强社会救助及促进经济复苏等系列法案，财政支出重点转向疫情防控、患者救治、家庭纾困，以避免家庭破产。从政策制定来看，2021年以来，拜登政府持续“放大招”，先后推出1.9万亿美元的“美国救助计划”，为现有联邦公共工程项目提供资金的1万亿美元《基础设施投资和就业法案》，以及涵盖医疗保健、气候变化、移民、教育、社会计划及税收改革等

多项条款的1.75万亿美元《重建更美好未来法案》。同时，拜登还签署了包含0.55万亿美元新增基建投资法案，用于修建道路、桥梁等交通基础设施，更新完善供水系统、电网和宽带网络等。预计在未来5年，拜登新政将支持基建投资年均复合增速新增2个百分点，成为激发经济活力、带动就业创造以及重塑经济韧性的重要支撑。

二、美国经济多重隐忧交错，制约财政经济稳定恢复

（一）多重因素交织叠加，加剧通胀持续加速上行

为统筹疫情防控和经济社会健康发展扎实推进，美联邦政府实施了力度空前的财政货币刺激政策，大规模推行财政赤字货币化，致使流动性泛滥，尤其是零利率、无上限的量化宽松货币政策和史上规模最大的财政刺激计划。如图4，疫情暴发以来，美联储资产负债表从4.2万亿美元迅速扩张至8.7万亿美元，M2同比增速一度达27%，创历史新高。2020财年美国财政赤字更是高达3.1万亿美元，赤字率达14.9%。随着疫苗广泛接种和经济快速重启，消费需求迅速释放，供需严重失衡。而多数国家疫情防控依然处于失序状态，先后出现了全球产业链供应链紊乱、大宗商品价格暴涨、港口拥堵货物积压、集装箱运费飙升、司机与海员严重不足、芯片供应紧张、劳动力退市以及极端天气等多重不利因素叠加，加剧了大宗商品与服务价格居高不下，推高了全球通胀水平。近期数据显示，自2021年4月起，美国通胀指数持续攀升；至11月份，CPI同比涨幅达到6.8%，是1982年6月份以来最大同比涨幅；核心CPI同比增长4.9%，达到1991年8月以来最高水平。美国劳工部最新数据显示，2021年12月消费者价格指数同比上涨7%，创近40年来最大同

比涨幅。由于通胀主要体现在能源和食品价格上，家庭生活受严重影响，进一步制约消费对经济持续复苏支持作用的发挥。尽管联储多次传达“通胀暂时论”的信号，但在物价上涨范围不断扩大、通胀时间持久的现实面前，联储主席鲍威尔不得不承认强劲的财政政策推高需求，进而显著地推高通胀率。联储理事布雷纳德1月13日表示，美国通胀率太高，暗示可使用“缩购”、加息等系列措施让通胀回落到2%；货币政策重点在于降低通胀，并维持惠及大众的经济复苏，这是“最重要任务”。

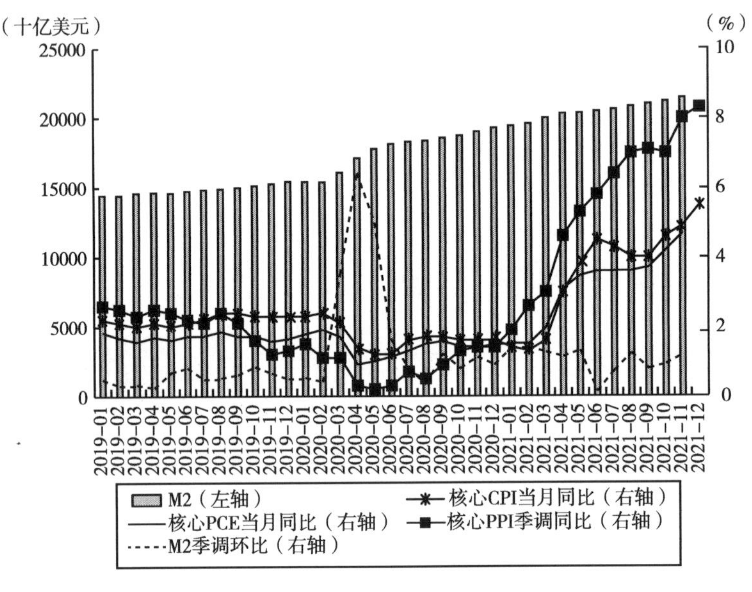

图4 美国M2、核心CPI、PPI与CPE

数据来源：美国劳工部、美联储。

（二）供应链瓶颈多点爆发，限制了财政经济平稳恢复

中美贸易争端发生以来，美国供应链格局加速重构。在新冠疫情反复冲击下，供应链弹性缺失、应急管理能力不足以及基础设施老化等问题集中暴露。在大规模财政刺激政策下，当前美国需求持续高涨、供应链不堪重负，

供应链瓶颈多点爆发，限制了进出口贸易平稳运行，减少了关税征收规模。这种由供应链失序而引起的供需失衡问题，导致零售业供货严重不足，且形成“多米诺骨牌效应”，拖累了美国消费经济对财政收入的贡献程度。数据显示，如图5，自2021年第二季度以来，美国零售和食品服务销售额同比快速上升，而重要的进出口货物集散地长滩港运转效率不支，集装箱货物吞吐量当月同比大幅下降，导致美国境内消费品供给短缺。同时，供应链中断何时能得到缓解也存在不确定性，尤其是变异毒株奥密克戎的出现更是放大了这种不确定性。美国交通部长皮特·布蒂吉格表示，目前困扰多个行业的供应链问题将与新冠疫情一样持续下去。据“今日俄罗斯”报道，洛杉矶港面临的供应链问题日益严重，即使实行“7天24小时”作业模式后，情况依然未有好转，直接或间接地拖累了财政经济有序恢复。

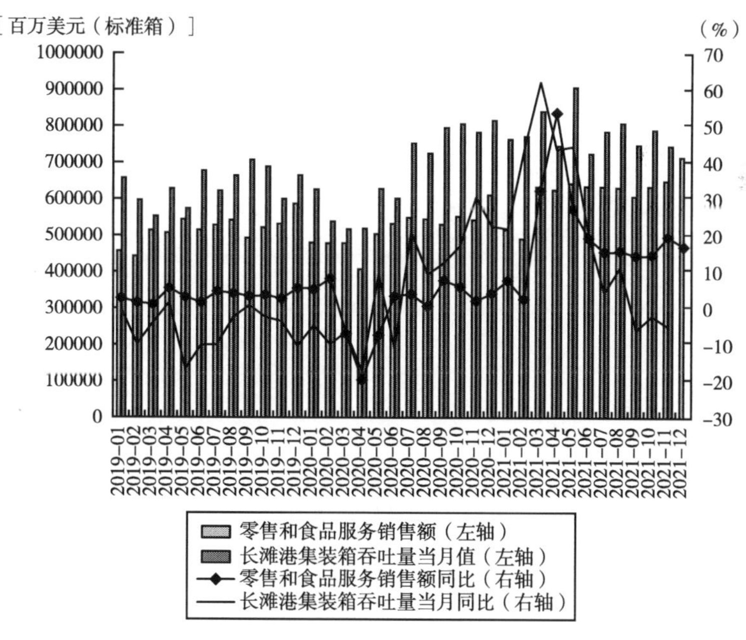

图5　零售销售与集装箱吞吐量

数据来源：Wind数据库。

（三）工资上涨但劳动力供给仍紧张，制约二三产业持续恢复

整体而言，目前美国各辖区就业市场实现温和增长，表现出企业对劳动力需求的强劲态势。但育儿需求、退休以及疫情恐慌引起的劳动力供给不足问题持续困扰企业正常用工，休闲和酒店业以及制造业等行业表现尤为明显。上述行业中不少企业因缺乏劳动力被迫停业或缩短营业时间。美国劳工部数据显示，如图6，12月份失业率环比下降0.3个百分点至3.9%，但非农部门新增就业人数仅为19.9万，远低于市场普遍预期。不同群体中间也存在很大差异。12月份，黑人失业率上升至7.1%，是白人失业率的两倍多。12月劳动参与率环比持平于61.9%，比疫情前水平低近1.5个百分点。数据还显示，由于变异新冠病毒奥密克戎毒株在美国持续蔓延，去年12月因疫情失业的人数高达310万，因疫情无法外出寻找工作人数达110万。从细分行业来看，2020年12月休闲和酒店业就业人数持续增长，环比增加5.3万；专业和商业服务新增就业人数4.3万，但与疫情前相比仍低3.5万；制造业就业人数环比增加2.6万。工资水平普遍出现强劲增长，员工平均时薪环比上涨19美分至31.31美元；在过去的12个月中，员工平均时薪上涨4.7%。此外，企业还为员工提供了额外奖金和灵活工作时间等多项其他激励措施。尽管如此，劳动力短缺正成为就业增长的更大制约因素，劳动力市场供需日益紧张，奥密克戎毒株感染所致雇员缺席问题在各行业普遍存在，阻碍经济尤其是服务经济持续复苏。

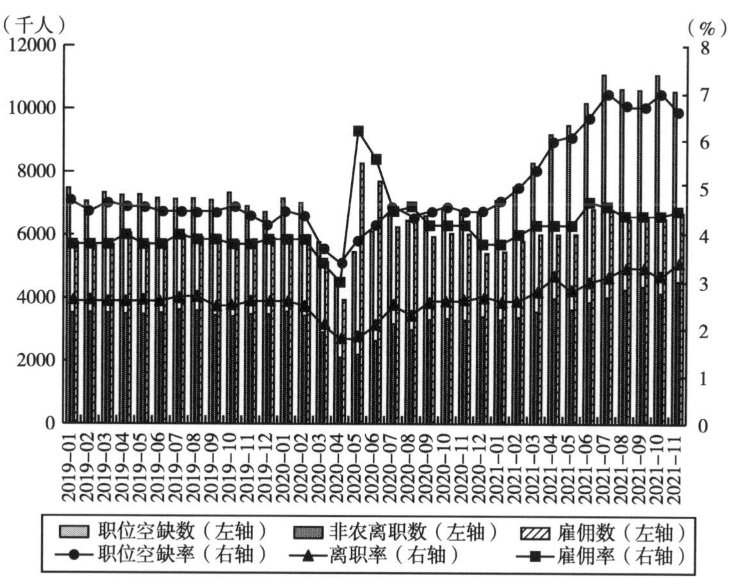

图6　美国职位空缺数与雇佣数

数据来源：美国劳工部。

三、美国财政经济运行展望

通过对比分析疫情暴发前后三年美国宏观经济主要指标与财政收支之间的关系可知，多轮疫情对经济社会发展产生了巨大冲击和负向循环，进一步加剧了社会撕裂。拜登政府上台后，以财政兜底对冲公共卫生及其衍生的经济风险，加速经济重启，一定程度上促进了经济温和修复，缓解了就业问题。但财政刺激计划因其规模较小、占比相对较低，对经济直接拉动作用可能有限，对未来十年就业创造效果可能更为显著。

宽松的财政政策也扩大了财政赤字水平，增加债务规模，进一步加剧了财政收支失衡。为弥补财政收支缺口，拜登政府着手进行税改，企图通过提高企业所得税税率以及向富人征税来应对资金短缺。但新政所创税收尚不足以支撑巨额财政预算支出。与此同时，财政刺激计划显著地推高了通胀水平，一定程度上抑制了需求增长，强化了美联储提前加息的预期。但货币政策收紧节奏存在风险，加息过早或过晚都将再次对美国经济造成冲击。此外，美国经济修复过程中也将持续为疫情反复、供应链紧张、劳动力供给不足、通胀水平高企等多重短期内难以解决的问题所困扰。因此，2022年美国经济持续修复多重不确定性也进一步被放大，将直接或间接地影响拜登新政的执行效果，复使美国深陷债务危机泥淖中，挣扎而无力前行。

分报告十四：全球经济复苏聚焦结构性优化

执笔：吉　嘉

全球经济总体仍在复苏轨道，但增长态势已呈现出边际弱化的迹象，发展的不均衡性仍未缓和。疫情冲击对宏观经济产生了诸多关联影响，其消退时间仍具有高度的不确定性。持续性的跨境供应链瓶颈、大宗商品价格波动及其他疫情衍生影响正在减弱各国经济重启后的能量。随着新的宏观需求诞生，生产供应系统将在调整适应后积极扩张，供给侧所面临的诸多限制及短缺问题应在未来几年中逐渐淡化。

在本轮危机中，全球宏观经济复苏的基础在相当长的时期内难以达到稳固状态，这凸显了金融系统资源分配效率及相关结构性政策的重要性。各国的经济结构应坚持向新能源、数字化、自动化等方向转型。预期未来全球经济将产生重要的结构性变化，经济资源流向代表着先进生产力的行业部门的趋势将不断加速，而国际金融领域的发展格局存在优化潜力。

一、国际经济复苏面临的不均衡障碍难以修复

（一）主要经济体仍处于复苏轨道

自2020年中以来，全球经济活动逐渐恢复，但增长态势已开始边际弱

化。许多国家的产出总量已接近或超过疫情冲击前的水平，长足的复苏进展得益于危机发生后各国政府迅速的政策响应，以及2021年度持续跟进的宏观政策支持，同时一系列公共卫生措施帮助抑制了新冠疫情的全球扩散。不过，新冠冲击还是给全球经济留下了较为深远的影响。经济社会仍在承受供应链瓶颈、原材料价格提升、病毒变异等方面的压力。值得注意的是，能源与金属商品对于许多发展中国家，代表着非常重要的出口与财政收入来源，其价格上升趋势的背后暗藏着严峻风险。

根据OECD对未来几年的经济展望，全球经济将保持在复苏轨道上行驶，同期发展动能将有所回落，其中2021年至2023年的实际GDP增速预期值分别为5.6%、4.2%及3.2%。以G20为代表的主要经济体增速同样呈现出明显的冲高回落态势（图1），预期发展过程中的不均衡问题将抑制复苏动能，持续对未来的发展趋势形成干扰。

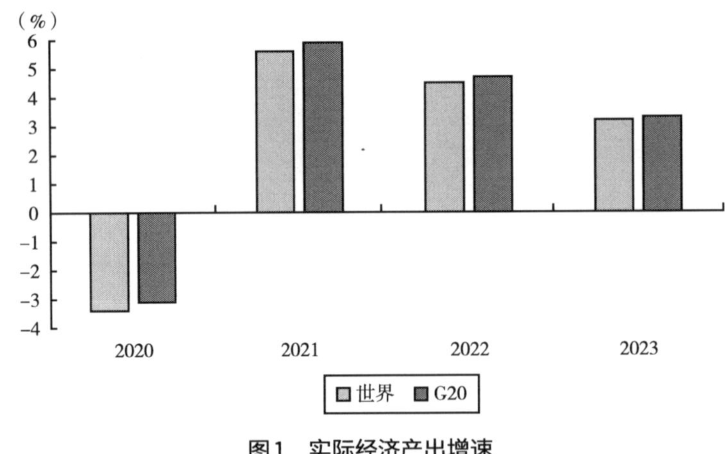

图1　实际经济产出增速

资料来源：OECD。

（二）多维度的供需失衡构成主要复苏障碍

需求端的快速复苏叠加部分产业或供应链环节的产能局限，在全球范围内造成了一定程度的供给短缺问题。此外，疫情冲击改变了经济活动的地理位置、服务形态及劳动力技能需求，进而在劳动力市场产生了供需错配的问题。虽然发达国家的新冠感染率与死亡率整体得到了有效控制，病毒变异及局部性的暴发感染仍在不断发生，这仍然可能对经济复苏构成新的限制。从工业生产值与零售消费等领域汇总数据的同比变化来观察，宏观经济的复苏步伐也在放缓（图2、图3）。

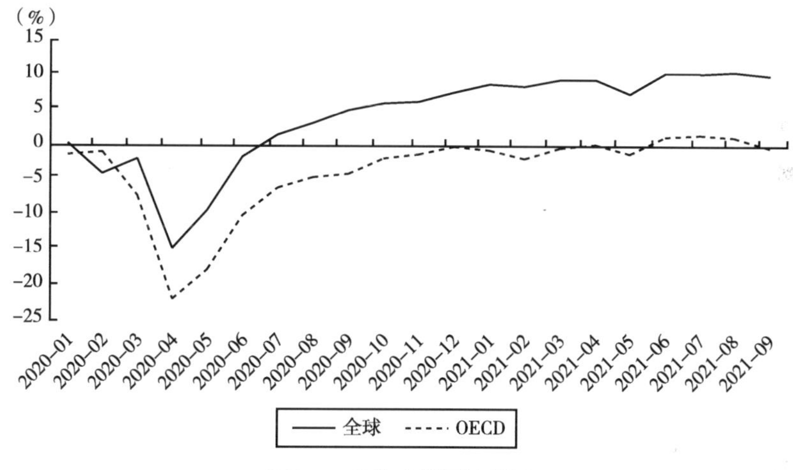

图2　工业生产值同比增速

资料来源：OECD。

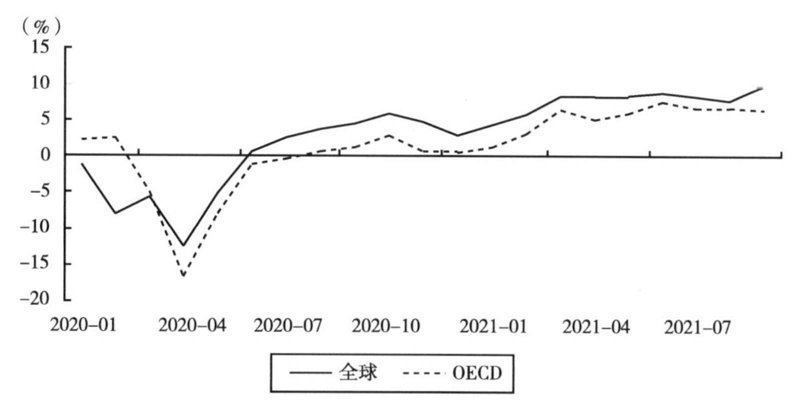

图3　零售销售额同比增速

资料来源：OECD。

另一方面，疫情防控措施对经贸流通的限制仍未消除，港口物流的拥挤程度在过去的一年中依然维持在高位（图4），全球贸易的运转效率亟需优化。

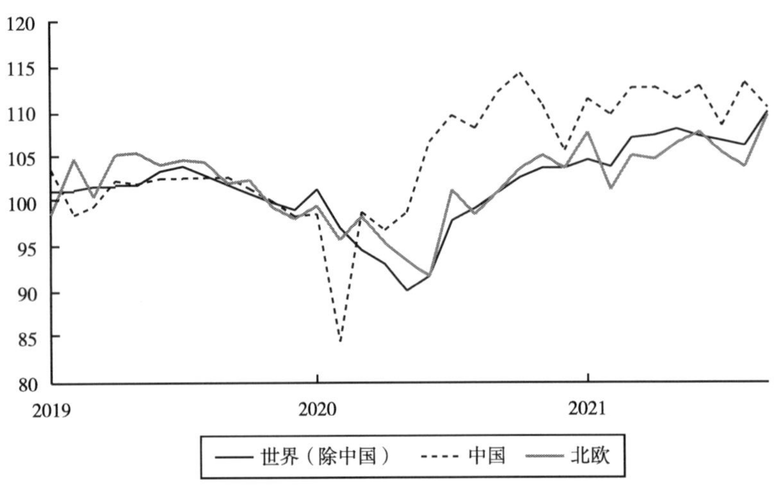

图4　港口物流拥挤度指数（2019Q4=100）

资料来源：OECD。

应注意本轮国际经济复苏呈现出明显的区域不平衡性，中等收入发展中国家群体承受的相对损失大于发达经济体，而低收入国家遭遇的负面影响甚至更为严重。在部分国家和地区，服务密集型行业与低收入民众蒙受了严重打击，进而拖累了劳动力市场的复原进度。假设宏观需求的结构趋向稳定，在供应产能与生产链进一步优化、劳动力市场适应调整的情况下，预期供给侧的约束性问题将在2022年至2023年得到缓解。

（三）各国货币政策加速转向紧缩

当前全球经济复苏进程中明显存在着不均衡问题，然而全球央行超宽松货币政策立场却面临显著的转向压力，整体呈现政策边际收紧的迹象。主要的中央银行已前瞻性地对政策管理框架进行优化，进而提升了货币政策对暂时性高通胀状态的容忍度。为有效稳定金融市场预期，以降低群体情绪波动引发金融冲击的风险，货币管理当局需要与市场保持清晰的沟通，积极引导市场主体对后续政策调整的时点与方式的预期。

近年来美联储与市场的沟通比较充分，注重对市场机构预期的有效引导，因此美联储政策转向使国际金融市场再现恐慌、导致市场剧烈动荡的风险，在短期内可能是相对可控的。然而，不同国家的经济前景呈现出分化的趋势，部分处于全球供应链重要环节的国家仍在遭受新冠疫情干扰，导致供应中断的持续时间比预期更长，这在许多国家推升了通货膨胀，主要发达经济体政策收缩对全球发展构成的中长期风险，以及反复呈现的周期性外溢影响依然不容忽视。国际融资环境趋紧，尽管新兴和发展中经济体的产出缺口更大，由于通胀预期变动影响增大，相关国家政策收紧的进度甚至相对较快。

许多重要的新兴市场经济体的政策取向已实质性收缩（图5），汇率贬值与供应链中断明显放大了欠发达地区的通货膨胀压力。例如，巴西、墨西哥、智利等经济体高度依赖于全球价值链，尽管经济系统中仍然存在大量的闲置产能，供应链瓶颈导致的通胀效应已开始向相关市场的商品价格传导。相比之下，南非的主权货币汇率表现相对稳定，而且其国内的通货膨胀预期得到了有效管理，其关键政策利率的调整幅度也相对较小。另一方面，由于2021年下半年土耳其的政策利率仍发生大幅下调，里拉汇率的贬值压力及通胀态势难以得到有效控制，其本国高度宽松的货币政策取向不具备可持续性。同时，随着整体层面的政策基调转向紧缩，大部分发展中国家为抗击疫情冲击而出台的央行资产购买行动已被终止。

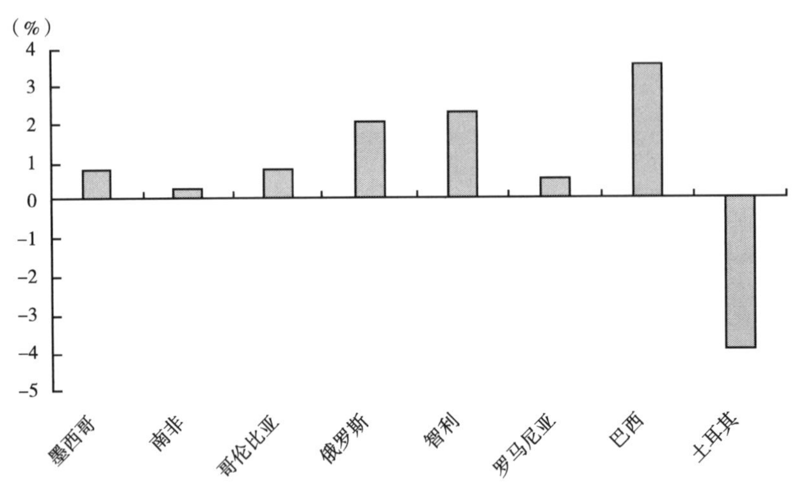

图5　发展中经济体的政策利率变动情况（2021年下半年累计变化）

资料来源：BIS。

当前全球经济前景面临的宏观风险水平依然居高不下，政策权衡取舍已经变得更加复杂。短期内，在国际金融市场对各国政策转向预期较为充分的情况下，政策收紧引发国际金融市场震荡的风险应是可控的。中期看，美国等发达国家经济温和复苏势头有望持续，而发展中国家的复苏路径存在较高的不确定性，供给约束与需求回暖之间的矛盾难以快速消退，未来国际市场的大宗商品价格可能持续高位徘徊，需持续关注全球发展不均衡风险对各国政策动向的影响。

二、经济调控政策面临新的风险挑战

（一）商品价格冲击具有特定的结构性影响

原油等商品价格的剧烈波动可能导致全球各国出现商业周期共震，但其宏观影响的延续时间可能较为短暂。相比之下，部分金属类商品的价格冲击虽然不一定会对全球商业周期产生显著影响，但却是特定产业的关键原材料（例如锡是消费类电子生产链的关键材料），并由此可能对相关商品的出口国或特定经济区域产生较为严重的影响。

基于发展中国家的角度，金属类商品的价格冲击对宏观经济产出的影响存在明显的不对称性：价格上涨通常伴随着幅度较小、暂时性的宏观经济产出扩张；而价格下降往往会带来较为深远的经济增速下滑，以及相关的财政与贸易损失。世界银行对新兴市场与发展中国家的历史数据作了实证测算（图6、图7），金属商品价格上涨20%的正向冲击，仅在两年内使相关商品出口国的经济产出上涨了0.1个百分点。同等幅度的价格下滑所产生的反向冲击，却足以使两年内的经济产出下滑0.76%，将近八倍于正向冲击产生的绝对值影响幅度。

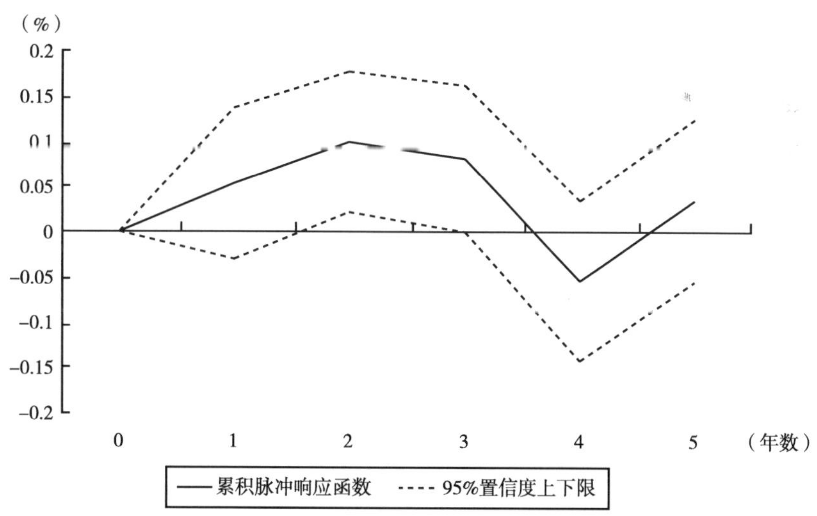

图6　金属价格上行波动对出口国经济产出的影响

数据来源：世界银行。

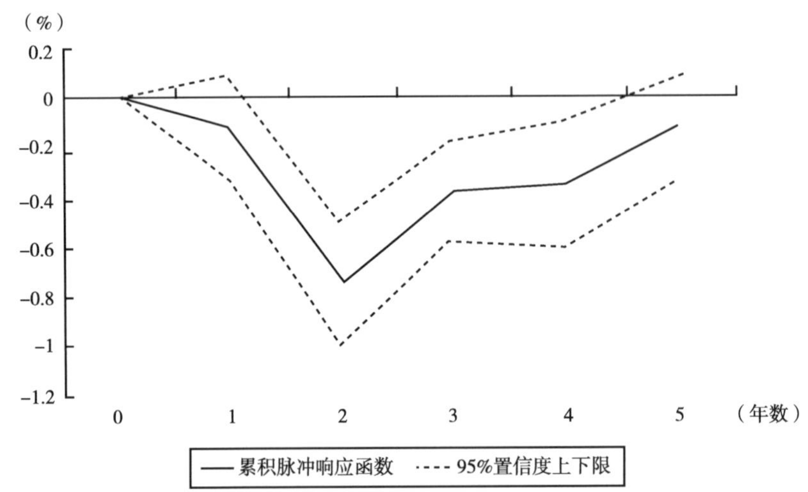

图7　金属价格下行波动对出口国经济产出的影响

数据来源：世界银行。

由此可见，商品价格的上行风险与下行风险对宏观经济影响具有明显差异，这可能反映出部分国家财政政策存在着一定程度的顺周期倾向。财政支出在价格上行的时期，过度流入公共部门福利待遇等不提升国家生产力或竞争力的领域。而在价格下行时期，财政政策的紧缩取向将加大经济衰退的深度，并可能对宏观经济的长期发展潜力产生负面作用，基础设施领域的公共投资通常是在相关时期内最先被削减的财政支出。2014年至2016年的石油价格崩塌就曾经导致部分国家的政府收入被迫大幅下降，而随后的财政支出削减方案进一步加大了经济衰退的严重程度。

（二）新兴市场经济体的财政风险普遍较高

疫情冲击以来，新兴市场经济体的杠杆率显著提升。在税收收入减少与政策支出增加的双重作用下，其政府的债务增长尤其明显。随着主要经济体跟踪经济复苏动态逐步调整政策取向，国际金融市场的波动性不可避免地开始加剧。潜在的外部性金融冲击可能使部分国家仍在恶化的财政状况雪上加霜。全球经济前景面临的风险高企，政策权衡取舍已经变得更加复杂。

在发达国家政策转向及高通胀预期的多重压力下，部分新兴经济体率先启动政策紧缩。如图5所示，巴西、俄罗斯和墨西哥等发展中国家已开始加息，未来仍可能进一步加码。这些政策紧缩的举措，实际上部分反映了主要发达经济体政策转向对其他国家的外溢性影响。

美国的量化宽松政策总体上加剧了新兴市场与发展中国家的财政风险，进而可能导致其财政风险向金融领域扩散，并产生更为严重的宏观经济后果。在美元走弱时期，许多新兴市场国家倾向于发行大量美元计价债务，表面上看，国家的债务负担相对较轻，政策空间相对宽裕，甚至可能由于资本流入、货币升值，导致其国内出现资产价格泡沫。一旦美国施行紧缩的货币政策，则会对这些国家经济增长的稳定性构成威胁。例如，2008年金融危机后，包括土耳其、阿根廷在内的新兴市场国家曾经借助美国的量化宽松政策而大举发债，但是到2018年美元升值和利率上升之时，这些国家的主权货币骤然贬值，一度引发区域性的经济动荡。

2021年下半年以来，国际资本的风险忍耐度快速下降，政府债券收益率进而开始攀升，同时新兴市场与发达经济体的国债利差再度明显扩大（图8）。本轮利差扩大现象的背后蕴含着汇率风险与信贷风险，反映了发展中国家相对脆弱的财政与宏观经济状态以及相关的金融市场预期。此外，部分国家潜在的汇率风险还可能向其本国的通胀风险进一步传导，并导致更为紧缩的区域性政策取向，加剧区域发展失衡，延缓全球整体的经济复苏进度。

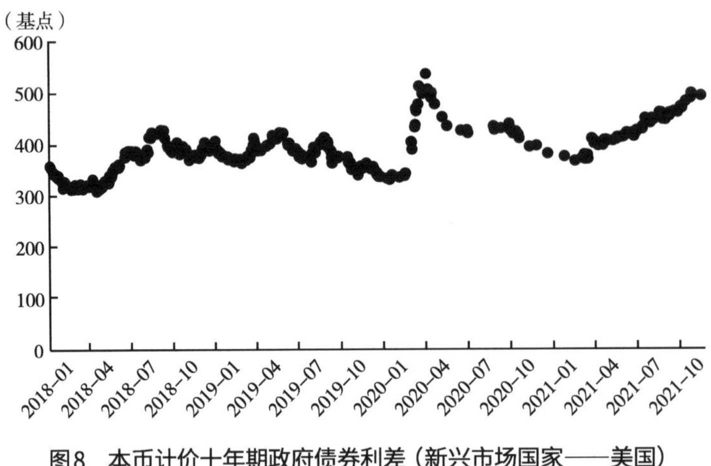

图8　本币计价十年期政府债券利差（新兴市场国家——美国）

资料来源：Factset。

（三）各国的宏观政策需根据经济复苏状态灵活调整

各国目前正面临着新的政策挑战，一方面要保持足够的政策力度以支持经济复苏，另一方面要避免政策对市场的资源分配机制产生过度干扰，相关政策措施的进退取舍，对全球的宏观前景具有重要的内生性影响。从长期发展的角度，主要经济体均会通过后续的政策调整，维护公共财政的可持续性并推动经济整体向碳中和转型。新时代的政策挑战可能改变财政部门的收支结构，并促进管理制度改革，以提升执政透明度为市场主体提供更加清晰的政策引导。

扩张性财政政策通常涉及政府向资本市场发行公共债务，为税收优惠或公共支出等政策融资。如果增发公共债务提升了利率，不仅会对社会资本产生挤出效应，还会增加公共部门的债务偿付成本，并最终导致社会税务负担加重。如果居民普遍预期未来税务负担必将升高，基于消费水平的平滑效应，当期的总体消费需求反而会下降。这意味着市场主体行为会因公共债务规模的变化而发生改变，并在一定程度上抵消扩张性财政政策原本的正面效应。

在应对本轮新冠疫情危机的过程中，美联储施行了大规模的量化宽松政策，其主要结果是消化了大量公共债务，扩宽了政策空间。历史上，发达国家财政政策与货币政策在危机时期加强协同合作的现象较为普遍。有研究全面检验主要国家中央银行在重大经济危机后，以中央银行扩表作为政策响应的影响机制，发现在大部分案例中，中央银行在危机后期都没有明显地从名义层面收缩资产负债表，大部分的实质性缩表其实是通过宏观经济产出增长，从而使国债名义余额的相对规模逐渐降低而达成的。

中央银行是国家宏观治理体制的基础组成部分，政府根据宏观调控需要而发行公共债务，再由中央银行购入并无限期持有，同时将相关债务付息所产生的盈利返还财政，则政府债务负担在国家整体层面不会发生净值变化。现实中，中央银行将持有国债产生的铸币税收入返还给财政部门，仍是美国量化宽松政策的标准执行方式，相关举措具有降低政府债务负担、对冲财政风险的效果。当前美国财政的债务融资也确实需要美联储在货币政策层面予以配合，这是保证美债市场流动性和长端利率平稳、维护全球金融体系长期稳定的重要观察视角。

三、坚持以结构优化打造经济长期发展的韧性与活力

（一）以金融科技创新提升金融体系的效率与国际竞争力

为有效提升“专精特新”中小企业研发投入的规模与质量，充分激发经济社会的创新活力，应探索运用市场化方式完善金融服务民营企业的激励机制。在充分发挥监管部门作用的同时，尊重金融机构的市场主体地位及其合理的利益诉求。外生性政策的任务是修正金融机构的利益目标和约束条件。

让金融机构在修正后的决策框架内自主决策，有助于提升微观层面的金融资源配置效率，使金融服务切实帮助中小微企业实现价值创造。

受非市场化的传统制度、政府行政干预和隐性担保等因素影响，无论债券市场还是股票市场都存在着一定程度的定价扭曲现象，并由此带来了金融功能弱化的问题。为改善“专精特新”中小企业、先进制造型企业等资源密集型主体长期以来面临的发展困境，一方面要降低企业融资的显性成本，包括降低利率水平、降低与融资相关的费用支出；另一方面要降低企业融资的隐性摩擦成本，为企业融资提供更多便利，减少企业在融资过程中的时间精力投入。

新冠危机让市场充分意识到了金融科技的价值。随着经济系统在复苏过程中，不断释放结构性转型的潜力，金融部门转型升级的势头将愈发强劲，金融科技在此过程中将发挥更加重要的作用：大数据技术将提升信贷风险管理的精准性和风险预警的时效性；人工智能将在业务咨询、智能服务等方面获得广泛应用；云计算将有效降低金融机构的IT成本和可扩展性；区块链技术将更好地发挥其在防篡改、可追溯、多方协同等方面的优势。

另一方面，将我国金融体系融入到全球的金融体系中，并在国际金融市场发挥应有的引领作用，仍然是大国发展的重要战略目标。人民币的国际化进程从经常项目向资本金融项目延伸的趋势，代表着我国金融市场在争取对外开放。如果我国在金融科技建设领域取得全球领先优势，将有助于进一步突破人民币在国际结算和国际计价方面的应用空间，吸引国际金融市场与全球资本积极共同参与，充分提升我国在全球大变局中的金融竞争力。基于当前的国际形势，美国等主要发达经济体的传统政策调控思路，给全球市场，尤其是新兴市场经济体带来了周而复始的外溢性风险，国际储备货币的单一性不利于全球经济金融体系的稳定发展。以金融科技创新提升人民币的风险管理、跨境流动、国际影响力，结合统筹化的财政金融协同体制，以及相关宏观政策调控思路的创新探索，将为进一步拓宽国家经济的发展潜力，创造历史性的战略机遇。

（二）跟踪分析能源转型对宏观经济运行的潜在后果

对于许多发展中国家而言，其本国的出口贸易、财政收入等重要的宏观经济变量对大宗商品的国际市场具有较高的依赖性。商品价格的大幅波动将对其国内宏观经济与金融系统的稳定性构成威胁，甚至暂时性的价格波动都可能引发严重的经济后果。

进一步分析，商品价格冲击可被分解为全球总体需求冲击、商品特定供给冲击及商品特定需求冲击。典型的全球需求冲击包括2008年全球金融危机，以及中国近代的高速工业化及城镇化进程等历史阶段所引发的总体需求波动。商品特定供给冲击包括生产事故、劳动力群体罢工、企业联合垄断、社会冲突、政府管控及自然气候变化等因素。商品特定需求冲击可能源于政府战略储备、企业生产储备、技术变革、碳排放税等调控政策及消费者群体偏好变化等。

基于大宗商品实际价格的长期驱动因素的实证分析，全球总体需求冲击及商品特定需求冲击对价格波动的影响，相较供给侧冲击更为深远。其中，总体需求、特定需求及特定供给等相关因素对于解释商品价格波动的贡献度，分别占比38%、46%及16%，而解释金属类商品价格波动相应的贡献度分别达到了42%、42%及16%。研究还发现，需求侧因素对商品实际价格的影响力呈增长趋势，供给侧因素与商品价格的关联作用却趋向弱化。

当前全球市场对环境可持续理念的关注度大幅提升，从而引发新能源产品关键原料的市场需求预期，并刺激相关金属类商品价格上涨。各国正加速从化石燃料等传统能源转向光伏风能等绿电能源，在能源领域的转型过程中，各类型风险冲击所产生的动态影响的结构性变化，以及其他隐含的宏观经济后果，值得持续跟踪关注。

（三）以优化制度建设对冲价格波动风险

在不确定性高企的宏观环境中，应对大宗商品价格波动的风险对冲机制显得尤为重要。目前金属类商品对全球经济的重要性或许不及石油，其在全球产业链结构中作为生产原料的需求占比也相对低于石油等传统能源。不过随着环境可持续理念的深入发展，消耗大量基本金属材料的新能源产业在全球范围内加速扩张，未来金属商品的重要性或将持续提升。况且部分金属类商品目前已成为许多发展中国家的重要出口贸易来源，相关价格的大幅波动对于维护区域经济的稳定性具有不利影响。基于前述分析，需求冲击是影响金属类商品价格波动的重要因素，而金属价格波动同样将在一定程度上加剧全球经济前景的不确定性，并反过来提升国际市场宏观需求的波动性。

为更好地应对国际市场中大宗商品价格的波动风险，应优化财政政策的制度性建设，包括完善制定财政收支规则、预算规则、绩效管理规则等。完善建立一整套基于系统性规则的财政收支调控措施，能够在不确定性突然激增之时，根据经济状况与现实需要对公共支出及税收收入的刺激力度与目标结构，自动地进行阶段性调整，进而形成有利于稳定市场预期的相对高效的财政政策稳定机制，更有助于强化财政政策对冲风险的逆周期属性。对于新兴市场国家而言，加强国家主权财富基金等政策性金融工具的日常储备建设，同样有潜力在高风险时期起到有效平稳宏观经济与财政收支的作用。